体用一源 显微无间

走向平衡的工程总承包项目集群管理创新与实践

徐铨彪　周家伟　王云峰　著

中国建筑工业出版社

图书在版编目（CIP）数据

体用一源　显微无间：走向平衡的工程总承包项目集群管理创新与实践 / 徐铨彪，周家伟，王云峰著 . —北京：中国建筑工业出版社，2024.1

ISBN 978-7-112-29610-1

Ⅰ . ①体…　Ⅱ . ①徐… ②周… ③王…　Ⅲ . ①工程项目管理　Ⅳ . ① F284

中国国家版本馆 CIP 数据核字（2024）第 020294 号

自 2016 年以来，浙江大学建筑设计院有限公司（简称"浙大设计院"）加速推进工程总承包业务转型，积极探索设计牵头的 EPC 建设管理模式。绍兴 EPC 文化集群项目为浙大设计院承接的典型文化类 EPC 项目群，具有关注度高、工期紧、建设标准高、施工难度大等特点。为顺利完成项目，浙大设计院从管理组织创新、管理手段创新、智能技术应用等多方面进行了实践与探索。本书全面总结、提炼项目实施过程中的创新思想与做法经验，旨在为工程总承包项目集群管理的守正创新提供参考借鉴。

本书适用于工程总承包（EPC）管理理论研究及实践应用等相关管理人员。

责任编辑：徐仲莉　王砾瑶
责任校对：芦欣甜

体用一源　显微无间

走向平衡的工程总承包项目集群管理创新与实践

徐铨彪　周家伟　王云峰　著

*

中国建筑工业出版社出版、发行（北京海淀三里河路 9 号）

各地新华书店、建筑书店经销

北京雅盈中佳图文设计公司制版

北京富诚彩色印刷有限公司印刷

*

开本：787 毫米 ×960 毫米　1/16　印张：14　字数：197 千字

2024 年 1 月第一版　2024 年 1 月第一次印刷

定价：**188.00** 元

ISBN 978-7-112-29610-1

（42661）

本书编写委员会

著 作 者：

徐铨彪　周家伟　王云峰　房朝君　芦　瑛　沈　波　胡坚锋

张　军　马丽娟　董绍兵　赵婉耀　王宇轩　李元治　胡　冰

屠　诚　胡斌涛　孙登峰　李本悦　涂建锋　王　青　周辉阳

李　晨　校战旗　陈　军　吴建权

著作单位：

浙江大学建筑设计研究院有限公司

绍兴市文化旅游集团有限公司

浙江省三建建设集团有限公司

序

　　工程总承包，是指承包单位按照与建设单位签订的合同，对工程设计、采购、施工或者设计、施工等阶段实行总承包，并对工程的质量、安全、工期和造价等全面负责的工程建设组织实施方式。工程总承包模式最早出现在美国，是目前国际市场上广泛被认可的主流建设管理模式，可以实现项目勘察、设计、采购及施工的有机结合，是一种更加集约化的先进的管理模式。工程总承包模式在我国起步较晚，20世纪80年代被引入我国，刚开始主要应用于化工系统的基本建设领域中，直到近年来工程总承包模式在民用建筑领域得到了大力推广和全面发展。作为国民经济支柱产业的建筑业，由于建筑业传统组织方式的制度制约、传统观念的根深蒂固等，导致工程总承包模式在发展过程中遇到非常多的问题。任何事物的发展都是在不断探索中发展和完善的，工程总承包管理模式也一样，所以，需要建设者和先行者勇于面对问题，在实践中不断地探索和总结，积极思考，深入研究，保护先进生产模式的落地生根，促进管理创新和行业进步。这个过程需要不停地尝试、探索、纠偏和总结，虽然痛苦，却是促进社会发展和进步的必经之路。

　　浙江大学响应省、市人民政府关于在杭州城西偏北区域建立文教区的意见，1953年开始在老和山下建设新校园（玉泉校区）。为了更好地建设浙江大学玉泉校区，成立了浙江大学建筑设计室，人员均由浙江大学土木系的教师组成，这就是浙江大学建筑设计研究院有限公司（简称"浙大设计院"）的前身和由来。之后，随着经济发展、改革开放和改制转轨等契机，发展成为行业领先的大型建筑设计机构。经过70年余年的发展，浙大设计院始终坚持

"产、学、研、创"的办院理念和"高、精、专、强"的办院方针，"平衡建筑"学术理论的提出和不断完善，更进一步丰富了建筑学科的理论内涵和实践要义，对设计行业的发展和工程技术的进步起到巨大的推动作用。截至目前，浙大设计院已经承接 EPC 项目 123 项，总产值约 550 亿元，积累了丰富的工程总承包管理经验。在这种背景下，浙大设计院对于工程总承包管理模式的大胆实践、仔细总结、深入研究和无私分享，体现了企业所肩负的一种社会责任。工程建设领域不仅需要低头干活的人，更需要抬头看路的人。

本书以浙大设计院承接的绍兴 EPC 项目集群作为案例，重点研究了工程总承包项目集群管理的理论背景、组织构架、管理手段和技术创新等方面。依托平衡建筑理论和其他管理理论，提出了 A-PMO 项目管理办公室、融合式设计管理以及 OKR 激励机制以实现组织优化；创新了多维度的变更管理模型、精细迭代的品质管理机制、动态平衡的成本管理体系、强执行的现场管理制度等管理手段；实现了 UAD-EPC 信息管理系统、BIM 正向设计、智慧工地系统、新技术推广应用和自主研发等技术创新，为工程总承包项目集群管理研究提供了很好的研究视角，形成了有意义的研究成果。希望有志于工程建设领域改革发展的企业和个人都可以加入相关领域的探索、总结、研究中来，共同为建筑行业的现代化高质量发展、国家社会的进步奉献力量。

秉持"六高强院"发展战略、"产、学、研、创"深度融合、促进科技成果转化，是浙大设计院长期的目标和追求。相信浙江大学建筑设计研究院有限公司可以在现有成果的基础上，立足新的行业发展阶段，以"科技创新"引领行业内学科、技术的发展，加快发展新质生产力，扎实推进高质量发展。

中国工程院院士

浙江大学教授

一级注册结构工程师

董石麟

2024 年 1 月

前　言

　　浙江大学建筑设计研究院有限公司（简称"浙大设计院"）始建于1953年，是国家重点高校中最早成立的甲级设计研究院之一。浙大设计院坚持设计、教学、科研相结合，依托浙江大学，定聘中国工程院院士、中国科学院院士等高科技人才作为技术支撑，拥有国家博士后科研工作站、浙江省重点院士工作站、浙江省企业研究院、浙江大学平衡建筑研究中心等创新平台。70年来，浙大设计院始终坚持走创作路线和精品路线，以"平衡建筑"学术理论指导设计实践，业务范围涉及建筑行业、市政行业、岩土工程、风景园林、国土空间规划和文物保护等领域的工程设计、咨询和技术研发，以及工程总承包和全过程工程咨询等，是目前国内资质涵盖面最广的设计、管理和咨询公司之一，先后完成了多个高水准设计佳作，历年来共获得1700余项国家、部、省级优秀设计奖、国际设计奖、优质工程奖及科技成果奖。

　　2016年，顺应市场趋势和政策指引，浙大设计院成立了工程总承包事业部，积极探索工程总承包项目的实践与管理。截至目前，共承接工程总承包项目123个，其中设计牵头工程总承包项目56个，涉及教育建筑、科研建筑、文化建筑、医疗卫生建筑、办公建筑、商业建筑、体育建筑、酒店建筑、居住建筑、市政、灯光、景观、装饰装修以及城市更新等多种项目类型，为工程总承包的经验总结、技术标准积累和合同范本编制等提供了大量的理论和实践经验。

　　工程总承包项目集群管理研究在行业内相对较少，随着工程总承包市的不断繁荣和复杂项目的不断出现，项目集群化管理需求突显。多个相互关联的项目进行集群管理，比单独管理各个项目时具有更高的效率，可以获得更高的质量和收益。绍兴EPC项目集群管理模式，更好地促进了设计牵头工程总承包与项目集群管理模式的相互融合，促使我们有了进一步研究和总结的动力。

本书在浙大设计院相关项目管理经验积累的基础上，2023年初讨论策划，2023年3月开始组织撰写，前后历时近9个月。本书由工程总承包事业部牵头编写，参与各章撰写的作者除工程总承包事业部参与绍兴EPC项目集群的同事外，还有部分项目建设单位的管理人员和施工单位的合作伙伴，他们在坚持努力工作的同时，利用晚上和节假日辛勤劳作，为了整理素材、凝练观点或追赶进度通宵熬夜。在反复修改过程中，理论结合实际总承包管理工作，不仅深入研究了工程总承包和项目集群管理，丰富相关理论知识，还通过理论积极反哺工程总承包管理工作实践。

本书向读者展现工程总承包和项目集群相关理论，介绍了国家和相关各级部门出台的工程总承包政策和支持措施，同时回顾了国内外工程设计行业的发展历程和转型工程总承包的迫切性。通过绍兴EPC项目集群案例，将设计牵头的工程总承包和项目集群管理模式相结合进行深入研究，是一个十分有益的尝试和探索，为工程总承包的发展丰富了理论研究和实践经验，也给国内外同行提供一定的参考。以本书抛砖引玉，启发大家思考，诚挚地希望行业同仁共同参与，为建筑行业的高质量发展、国家社会经济的进步贡献力量。也恳请看到本书的同行朋友提出宝贵意见。我的邮箱是 xuqb@zuadr.com。

2024年1月

目　录

一、
绪论

（一）推进工程总承包是建筑业改革的重点任务

1. 建筑业是国民经济的支柱产业

　　受益于国家经济的高速发展，近十年建筑行业增速较快，建筑产业现代化程度也在不断提升，一批世界级标志性重大工程向世界展示了"大国建造"的实力与风范。2013—2022 年，建筑业增加值从 4.09 万亿元增加到 8.34 万亿元（图 1），占国内生产总值的比重一直保持在 6.85% 以上（图 2），国民经济

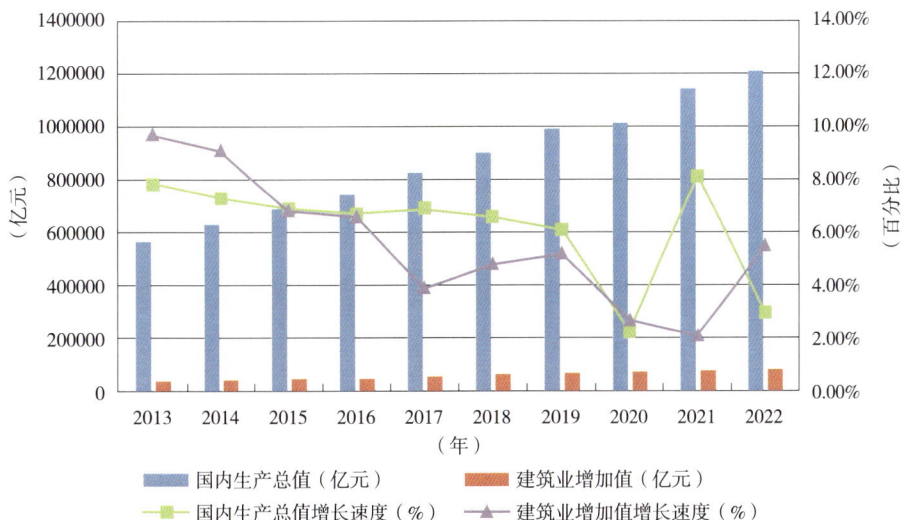

图 1　2013—2022 年建筑业增加值及增长速度

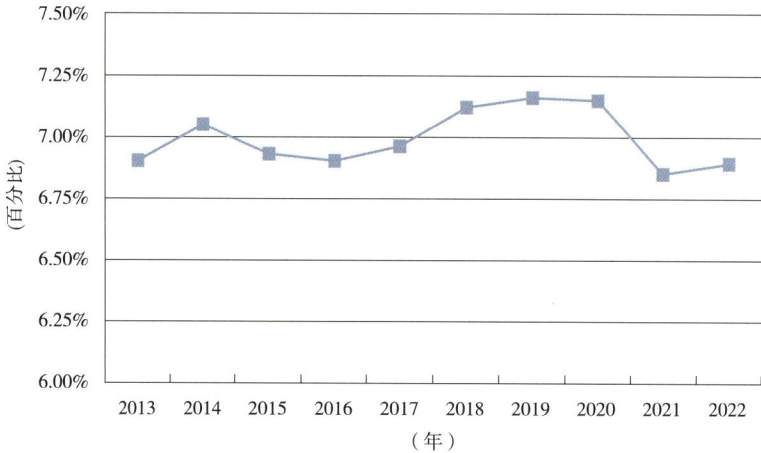

图 2　2013—2022 年建筑业增加值占国内生产总值的比重

支柱产业地位持续巩固。

　　浙江省是中国的经济强省之一。2019 年以前，浙江省建筑业产值占全国建筑业总产值的比重约为 13%，2019 年以后受整体行情影响，浙江省建筑业产值占全国建筑业总产值的比重约为 8%（图 3）。建筑业是浙江省的传统产业、优势产业，也是国民经济支柱产业（图 4）。2022 年，浙江省建筑业总产值达到 23861.07 亿元，与 2021 年同期相比增加了 850.1 亿元，按总产值计算的劳动生产率为 428948 元 / 人，与 2021 年同期相比增加了 35763 元 / 人，位居全国城市排名的第二位。

　　2021 年，浙江省房屋建筑施工面积 273463.34 万平方米，位列全国第二；浙江省建筑业新开工面积 52004.9 万平方米，也位列全国第二。2022 年浙江省建筑业房屋建筑施工面积 171655.08 万平方米，与 2021 年同期相比减少了 10301.28 万平方米；人均施工面积 309m^2/ 人，与 2021 年同期相比减少了 2m^2/ 人；新开工面积 45290.23 万平方米，与 2021 年同期相比减少了 6714.67 万平方米（图 5）。

　　从建筑业企业数量及其增速来看，近五年浙江省建筑业企业数量的增长速度加快（图 6）。

图 3　2013—2022 年浙江省建筑业总产值及占全国总产值的比重

图 4　2013—2022 年浙江省建筑行业增加值及占全省 GDP 的比重

从行业从业人员数量来看，2013—2018 年，浙江省工程建筑行业从业人员数量处于较高水平，2019 年出现大的跌幅，之后行业从业人员数量在慢慢增加（图 7）。根据相关数据，每 12 个浙江人中就有 1 名建筑业从业人员。

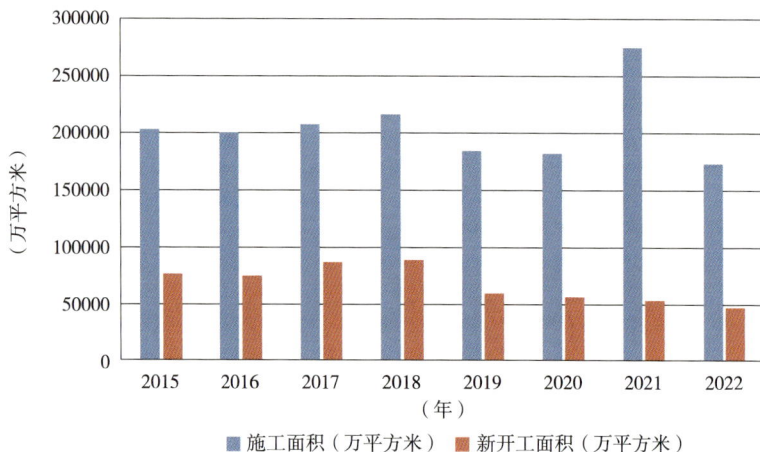

图 5　2015—2022 年浙江省建筑业房屋建筑施工及新开工面积情况

图 6　2013—2022 年浙江省建筑业企业数量走势图

2. 规模扩张式发展已不适应高质量发展要求

伴随改革开放 40 多年，中国建筑业获得了巨大的发展，已成为关系国计民生的重要行业，诞生了超大规模的巨型企业，如中国建筑集团有限公司名列 2022 年世界 500 强企业第 9 位，是国内建筑企业的最高排名；ENR 全

图 7　2013—2022 年浙江省建筑业企业从业人员数量走势

球最大 250 家建筑承包商中，中国建筑企业数量超过 20%，行业发展正处于辉煌时刻。2013 年以来，建筑业增加值占国内生产总值的比例始终保持在 6.85% 以上，从相关数据分析，建筑行业从过去的快速扩张式增长逐渐过渡到平稳增长。虽然中国建筑业取得的成就举世瞩目，但依然面临四个严峻现实：

（1）**行业增速趋缓**。建筑业的快速发展与我国近几十年的城镇化密切相关。2000 年，我国城镇化率仅为 36%，2022 年达到 65.22%，20 年间提高了近 30 个百分点。城镇化率的稳步提高为建筑业的发展提供了巨大的增长空间。目前，国内城镇化进入下半场，建筑业的发展空间已经不像之前那样广阔。根据统计数据，建筑业总产值增速已经连续多年出现下行趋势（图 8），行业发展趋势日渐缓慢，增量空间不足，存量竞争加剧。

（2）**行业利润率低**。我国建筑业虽然规模很大，但长期呈现"大而不强"的特点，最突出的表现是利润率较低，盈利水平堪忧。过去十余年，建筑业产值利润率长期在 3.5% 左右徘徊，且连续多年持续下降。数据显示（图 9），2020 年产值利润率为 3.15%，2021 年产值利润率仅有 2.92%，跌破 3%。

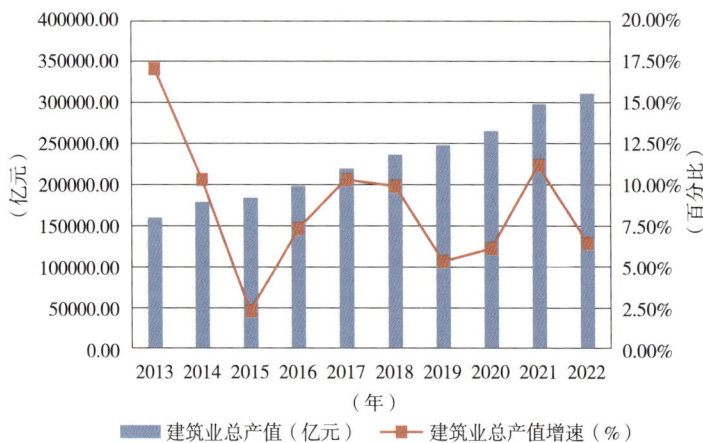

图 8　2013—2022 年建筑业发展趋势

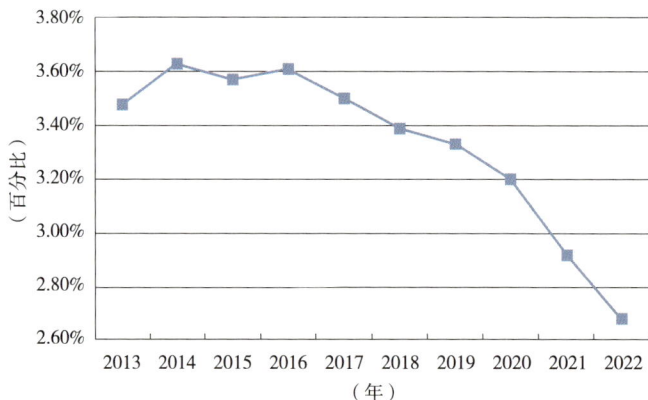

图 9　2013—2022 年建筑业产值利润率

（3）行业发展粗放。过去十几年，大规模的城镇化进程推动了大规模的固定资产投资，拉动了经济增长。长期以来我国建筑业的发展主要依靠投资与人口等资源要素的驱动，含金量不高，生产方式与管理方式比较粗放。随着当前社会环境的变化，建筑业发展模式面临从资源要素驱动到科技创新驱动的转型升级。

（4）同质化竞争。在建筑市场空间足够大时，依靠投资与要素驱动方式带来的效益非常明显，走规模化、同质化的道路，利用低成本的要素优势和大规模的投资机遇是实现规模化的最快途径。在追求规模速度的行业特点下，建筑企业的普遍选择就是同质化竞争，而非差异化竞争。但是，随着建筑行业增速放缓或规模扩张停止，同质化竞争使得建筑企业陷入经营困难。

对于我国建筑业来说，面对新的机遇和挑战，规模快速扩张式发展恰恰成为传统建筑业进一步发展的桎梏。当前建筑行业面临的外部环境与形势均发生了巨大的变化："双碳"目标的出台，《"十四五"建筑业发展规划》明确提出建筑业要走高质量发展之路等。建筑业需要摆脱过去依靠规模驱动的发展模式，树立新发展思路，从追求高速增长转向追求高质量发展，从"量"的扩张转向"质"的提升，走出一条内涵集约式发展新路。

3. 加快推进工程总承包，促进建筑业改革发展

我国建筑业传统的组织方式是 DBB（Design-Bid-Build，设计—招标—建造）模式，这种模式的最大弊端在于价值链的割裂，以及由此带来的一系列协调问题、造价问题、责任不清问题等。随着建筑市场的日益发展，对工程项目专业化、系统化、合理化的要求越来越高，传统 DBB 组织模式已无法满足社会、市场与业主的需要，尤其是投资规模大、工期长、项目技术要求高的项目。

工程总承包模式是建筑产业在长期发展过程中逐步形成的，是当前国际建设活动中常见的发承包模式。在工程总承包模式下，业主委托专业的项目咨询公司或管理公司进行项目的可行性研究，根据可行性研究成果将工程项目的勘察、设计、采购及施工等全部工作委托给一家承包商或联合体进行总承包。在项目实施过程中，业主不需要设置更多的管理部门或派遣更多的现场协调和管理人员，而是以发包人提要求、提供建设资金和验收为主要工作。

采用工程总承包模式可将项目的勘察、设计、采购及施工进行有机结合，避免出现设计与施工脱节、施工不能满足设计要求等局面，更有利于对项目

进行合理的优化设计，控制工程成本，保证工程质量。同时，有利于充分发挥在工程建设方面具有较强技术实力、有丰富经验和组织管理能力的大承包商的专业优势，强化对工程建设的统一指挥和组织管理，综合协调工程建设中的各种关系，保证工程质量和进度，提高投资效益。

20 世纪 80 年代，我国提出并引入"工程总承包"概念。对于建筑企业而言，推进工程总承包业务可促进企业转型升级。长期的 DBB 模式培养了我国建筑行业较强的专业能力，但无论是设计院还是施工企业，都不具备工程总承包要求的复合型能力，如策划规划能力、设计管理能力、现场管理能力、运营维护能力等，转型升级是建筑企业适应建设组织模式改革的必然选择。通过推行工程总承包模式，推动我国工程建设组织方式的变革，可以弥合传统组织方式价值链割裂。

（二）工程总承包推进现状及存在问题

1. 工程总承包推进现状

2016 年 2 月，《中共中央 国务院印发〈关于进一步加强城市规划建设管理工作的若干意见〉》要求"推广工程总承包模式"；2016 年 5 月，印发《住房城乡建设部关于进一步推进工程总承包发展的若干意见》；2017 年 2 月，《国务院办公厅关于促进建筑业持续健康发展的意见》中提出了"加快推行工程总承包"；2017 年 12 月，住房和城乡建设部发布《房屋建筑和市政基础设施项目工程总承包管理办法（征求意见稿）》。随后，各部委以及各省市相继出台相关政策文件（表 1），加快推行工程总承包（图 10）。

伴随着相关文件的出台，工程总承包业务量持续增长，工程总承包新签合同额从 2016 年的 24677.5 亿元增长到 2022 年的 65780.7 亿元。2022 年，工程勘察新签合同额 1489.6 亿元，同比增长 5.6%；工程设计新签合同额 7277.6 亿元，同比下降 0.9%；工程咨询新签合同额 1354.5 亿元，同比增长 5.1%；

各部委文件

表1

序号	发文部门	文件名	核心要点
1	原化学工业部	《关于改革现行基本建设管理体制，试行以设计为主体的工程总承包制的意见》	决定进行以设计为主体的工程总承包管理体制的试点
2	国务院	《国务院关于工程建筑业和基本建设管理体制改革问题的暂行规定》	要求各部门，各地要组建具有法人地位，独立经营，自负盈亏的工程承包公司
3	原国家计划委员会	《关于工程设计改革中问题的几点意见》	工程承包公司的主要任务，是受主管部门或建设单位的委托，承包工程项目的建设
4	原国家计划委员会、城乡建设环境部	《工程承包公司暂行办法》	工程承包公司可以在所属企业事业单位抽调具有工程建设经验的人员，也可以依托设计单位组成以设计为主体的工程承包公司，也可以依托工程指挥部进行组建
5	原国家计划委员会、财政部、中国人民建设银行、国家物资局	《国家计委 财政部 国家物资局关于设计单位进行工程总承包试点有关问题的通知》	要求成立 12 家试点单位进行工程总承包
6	原建设部、国家计委、财政部、中国人民建设银行、物资部	《关于扩大设计单位进行工程总承包试点及有关问题的补充通知》	设计单位进行工程总承包时，设计单位所承包的工程项目的规模与大小一致，且只负责勘探设计、设备采购、施工招标、发包、项目管理、质量监督和试车考核，不直接从事施工，不必领取施工执照
7	原建设部	《工程总承包企业资质管理暂行规定》	将工程总承包企业按照资质条件分为三级
8	原建设部	《设计单位进行工程总承包资格管理有关规定》	明确了设计单位进行工程总承包的资格，并进行资格管理
9	第八届全国人民代表大会常务委员会	《中华人民共和国建筑法》	明确提出倡导实行工程总承包模式
10	原建设部	《关于推进大型工程设计单位创建国际型工程公司的指导意见》	明确了国际型工程公司的基本特征和条件

续表

序号	发文部门	文件名	核心要点
11	国务院办公厅	《关于工程勘察设计单位体制改革的若干意见》	要求将勘察设计单位由现行的事业性质改为科技型企业，使之成为适应市场经济要求的法人实体和市场主体
12	国务院办公厅	《关于大力发展对外承包工程的意见》	要充分认识发展对外承包工程的重要性；进一步加大开拓国际市场的力度；建立健全对外承包工程法规，采用经济手段支持对外承包工程的发展并加强对其政府的领导
13	国务院	《国务院关于取消第一批行政审批项目的决定》	取消了工程总承包资格核准的行政审批
14	原建设部	《关于培育发展工程总承包和工程项目管理企业的指导意见》	工程总承包资格证书废止之后，对从事工程总承包业务的企业不专门设立工程总承包资质。工程勘察、设计、施工企业也可以组成联合体对工程项目进行联合总承包
15	原建设部	《建设工程项目管理试行办法》	规定了项目管理企业的资质，从事工程项目管理的专业技术人员的资格，工程项目管理业务范围以及项目管理的一些细则
16	原建设部、国家质量监督检验检疫总局	《建设项目工程总承包管理规范》GB/T 50358—2005	该规范主要适用于总包企业签订工程总承包合同后对工程总承包项目的管理
17	原建设部	《建设工程项目管理规范》	通知指出新修订的《建设工程项目管理规范》GB/T 50326—2006 于2006年12月1日起正式实施
18	原建设部	《施工总承包企业特级资质标准》	明确了企业申请特级资质的条件
19	原建设部	《施工总承包企业特级资质标准实施办法》	制定了《施工总承包企业特级资质标准实施办法》，进一步推动总承包的发展
20	住房和城乡建设部、原国家工商行政管理总局	《建设项目工程总承包合同示范文本（试行）》GF—2011—0216	明确工程总承包合同双方的权利与义务，为我国工程总承包领域合同范本与招标行为确立了初步规范
21	住房和城乡建设部	《住房城乡建设部关于推进建筑业发展和改革的若干意见》	倡导工程建设项目采用工程总承包模式，鼓励有实力的工程设计和施工企业开展工程总承包业务

续表

序号	发文部门	文件名	核心要点
22	中共中央、国务院	《中共中央 国务院印发〈关于进一步加强城市规划建设管理工作的若干意见〉》	要深化建设项目组织实施方式改革，推广工程总承包
23	住房和城乡建设部	《住房城乡建设部关于进一步推进工程总承包发展的若干意见》	提出建设单位在选择建设项目组织实施方式时，优先采用工程总承包模式
24	国务院办公厅	《国务院办公厅关于促进建筑业持续健康发展的意见》	提出"加快推行工程总承包"和"培育全过程工程咨询"
25	住房和城乡建设部	《建筑业发展"十三五"规划》	列举了建筑业存在的主要问题，提出形成一批以开发建设一体化、工程总承包为业务主体、技术管理领先的龙头企业
26	住房和城乡建设部	《建设项目工程总承包管理规范》GB/T 50358—2017	制定建设项目工程总承包管理新规范并于2018年1月1日实行
27	住房和城乡建设部办公厅	《住房城乡建设部办公厅关于工程总承包项目和政府采购工程建设项目施工许可手续等有关事项的通知》	明确了工程总承包施工许可和政府采购工程建设项目施工许可的相关细则
28	住房和城乡建设部、国家发展和改革委员会	《房屋建筑和市政基础设施项目工程总承包管理办法》	工程总承包单位应当设立项目管理机构，加强设计、采购与施工的协调、完善和优化设计，改进施工方案，实现对工程总承包项目的有效管理控制
29	住房和城乡建设部、教育部、科学技术部、工业和信息化部等	《住房和城乡建设部等部门关于加快新型建筑工业化发展的若干意见》	大力推行工程总承包。新型建筑工业化项目积极推行工程总承包模式，促进设计和生产、施工深度融合，培育具有综合管理能力的工程总承包企业，落实工程总承包单位的主体责任，保障工程总承包单位的合法权益
30	住房和城乡建设部、国家市场监督管理总局	《建设项目工程总承包合同（示范文本）》GF—2020—0216	适用于房屋建筑和市政基础设施项目工程总承包发包活动，为推荐使用的非强制性使用文本

11

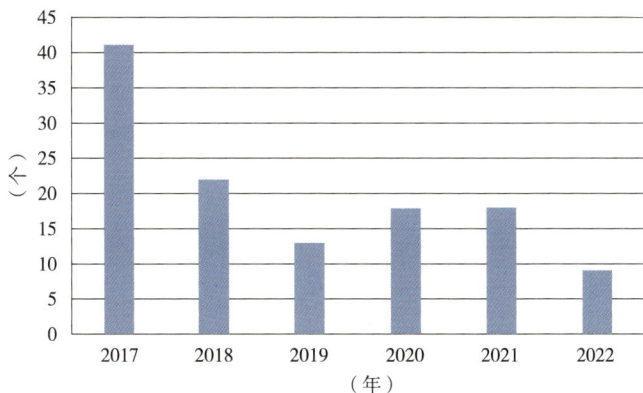

图 10　2017—2022 年省级工程总承包政策文件出台数量

工程总承包新签合同额 65780.7 亿元，同比增长 13.6%。2022 年工程设计新签合同额首次出现下降，而工程总承包新签合同额仍旧持续增长。2022 年工程总承包新签合同额已经占到行业新签合同额的 86.7%。

2. 存在问题

自 2016 年进一步推行工程总承包以来，全国各地工程总承包全面开花。纵观行业数据及各地的实施情况，工程总承包在推行过程中存在以下问题：

（1）上热下冷。从当前政策发布来看，国家层面、省市级层面发布了大量的政策文件，而地市级层面发布的文件较少。据不完全统计，当前各级政府出台关于工程总承包的政策数量约为 220 个，其中国家级文件约占 20%，省级文件约占 67%，地市级文件约占 13%。国家级、省级政策文件多为纲要性、引导性文件，地市级文件则为实践性、操作性文件，地市级文件是政策推行的有力抓手。

（2）东热西冷。根据全国统计数据，工程总承包项目实际推进力度呈现"东热西冷"的地区不平衡态势，如浙江、江苏、山东、福建等建筑业强省大省，对工程总承包的推进力度较大，越往西部，推进的力度越小，有些地区对工程总承包持观望甚至是怀疑态度。

（3）施工热设计冷。从工程总承包实施主体类型变更规律来看，2019年是一个分水岭。2016—2019年，大量的设计院承接了工程总承包项目。相对于施工单位，业主更倾向于设计院牵头承接工程总承包，其认为设计院能发挥设计的"龙头"优势，更有利于设计优化与造价控制。2019年之后，大量的施工单位承接或牵头承接了工程总承包项目。究其原因，在前3年的工程总承包试行过程中，设计院并没有完全发挥出设计端的优势，反而其现场管理能力、资源整合能力以及抗风险能力的短板凸显；另外一个原因是，大部分设计院对转型做工程总承包态度消极，主动性不足。

（三）建筑设计行业及其现状

1. 建筑设计行业

建筑设计（Architectural Design）是指建筑物在建造之前，设计者按照建设任务，把施工过程和使用过程中存在的或可能发生的问题，事先作好通盘的设想，拟定好解决这些问题的办法、方案，用图纸和文件表达出来。在古代，建筑技术和社会分工比较单纯，建筑设计和建筑施工并没有很明确的界限，施工的组织者和指挥者往往也就是设计者。欧洲地区，由于以石料作为建筑物的主要材料，这两种工作通常由石匠的"首脑"承担；中国，由于建筑以木结构为主，这两种工作通常由木匠的"首脑"承担。他们根据建筑物主人的要求，按照师徒相传的成规，加上自己一定的创造性，营造建筑并积累形成了建筑文化。

尽管人类建筑已经诞生了很长时间，但建筑设计源于文艺复兴时期并以建筑设计行业协会的出现为形成标志。文艺复兴时期的科技进步、生产力发展导致了建筑规模日益扩大且工艺越加复杂，这就要求"主要建设者"既需要具有丰富的设计知识和高超的技艺，还需要具有很强的组织协调能力。另外，新兴的城市贵族和富有的商人阶层将资本转向土地和房屋。基于对优秀工匠——能够表达主人意愿、受过设计培训、兼具管理大型作坊经验的人才需求，建筑设计逐渐从匠师的手中分化出来，表现为由具备文化艺术素养的人专门承担相关工作并被称为"建筑设计师"。

建筑设计师（Architectural Designer）是指受过专业教育或训练，以建筑设计为主要职业的人。建筑设计师通过与工程投资方和施工方的合作，在技术、经济、功能和造型上实现建筑物的营造。建筑设计职业出现后，建筑设计师们总结古代工匠的建造经验，将科学技术成果运用到建筑创作实践中，使得建筑类型、形式都大为丰富。

随着社会的发展和科学技术的进步，建筑所包含的内容、所要解决的问题越来越复杂，涉及的相关学科越来越多，材料上、技术上的变化越来越迅速，单纯依靠师徒相传、经验积累的方式，已不能适应这种客观现实；加上建筑物往往要在很短时期内竣工使用，难以由匠师一身二任，客观上需要更为细致的社会分工，这就促使建筑设计逐渐形成专业，成为一门独立的分支学科。1834 年，英国建造者协会（The Builder Society）的出现标志着建筑设计专业的形成，建筑设计师与建筑业中的其他从业人员区分开来。通过行业协会，建筑设计师的独特地位得以确立，学院教育体制进一步完善。随着建筑设计职业化的加强，以英国皇家建筑师协会为代表的行业协会对建筑师的职业地位明确限定为"设计、监督设计是否得到实施"。

至此，建筑设计师与建筑物发生了脱离，仅对业主负有设计和监督建设过程的职责，这也标志着建筑设计行业的进一步成熟。19 世纪晚期，各行业垄断程度的提升促进了生产规模的扩大，建筑师事务所也开始扩充，并集中、组织了与建筑业相关的所有专业人员。

注册建筑师（Architect）是需要经过严格的筛选和考试选拔出来的。在设计前期，建筑师需参与项目开发、项目整体规划、土地可行性研究，之后还需参与概念设计、初步设计、技术设计、施工图设计、建筑节点细部设计、室内设计、工程招标文件制作及组织、建筑施工合同的拟定及管理、施工配合及施工质量检查等。

2. 我国建筑设计行业现状

我国现代建筑设计行业起步于 20 世纪 50 年代我国设计院制度的建立，后经历了 20 世纪六七十年代的初步探索、缓慢发展，20 世纪八九十年代的改制、调整与规模发展。21 世纪初，伴随着中国经济的快速发展，建筑设计行业迎来跨越式发展时期，企业数量、经营规模、从业人员、经济效益等方面均呈现出稳定增长的态势。根据全国工程勘察设计统计公报等统计数据，随着城镇化水平迅速提升、建筑行业快速发展，建筑设计市场规模持续扩大（图 11）。

图 11　2017—2022 年中国建筑设计市场规模及增长

工程勘察设计行业在 2021 年营收规模持续增长，达到 84016.1 亿元，年增长 15.9%，增速较 2020 年有所提升（图 12）。虽然行业总体营收保持高速增长，但是行业增长动能不足。

从主要细分行业来看，建筑设计行业规模最大，2021 年达到 35009.1 亿元，较 2020 年增长 14.7%。工程勘察行业、市政设计行业以及其他设计行业（包括农林、海洋、水利）尽管规模不大，但都保持高速增长（图 13）。

图 12　2013—2022 年工程勘察设计行业营业收入

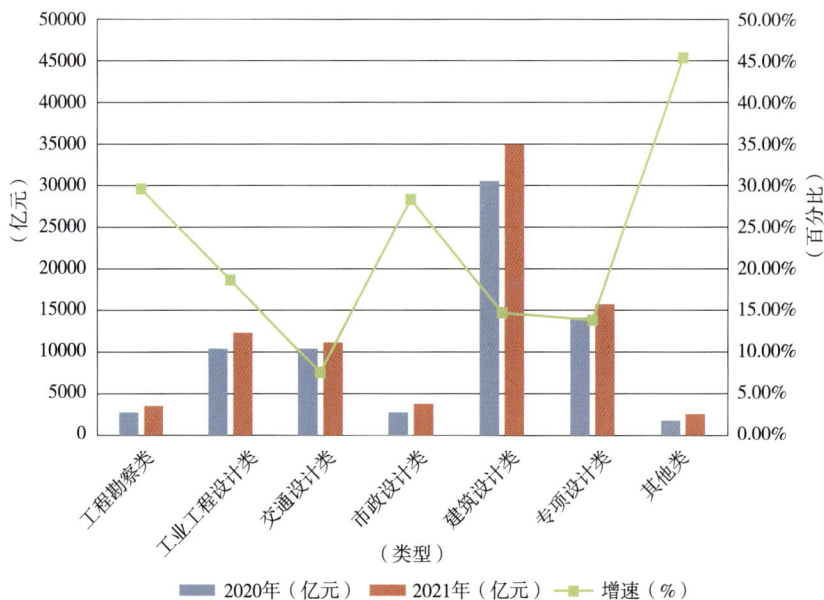

图 13　2020 年、2021 年不同细分行业营业收入对比

　　2021 年工程勘察设计行业实现净利润 2477.5 亿元，较 2020 年下滑 1.4%，利润率创历史新低，仅为 2.9%，较 2020 年下降 0.6 个百分点（图 14）。

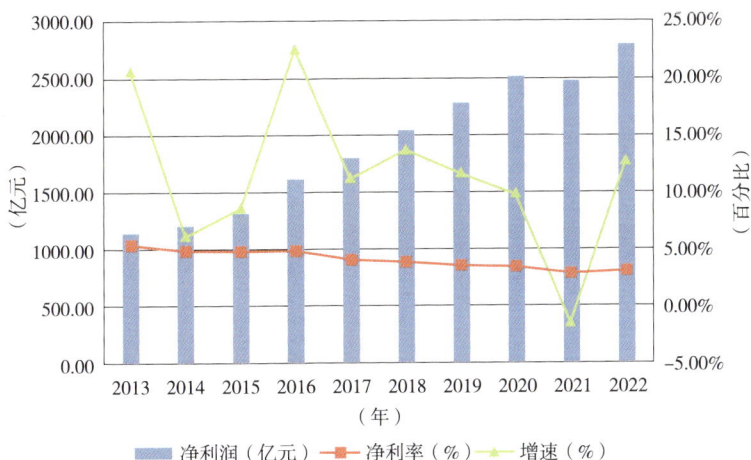

图 14　2013—2022 年工程勘察设计行业利润水平

统计数据显示，2016—2022 年工程总承包收入占比在逐步上升，而设计收入占比却在下降（图 15）。

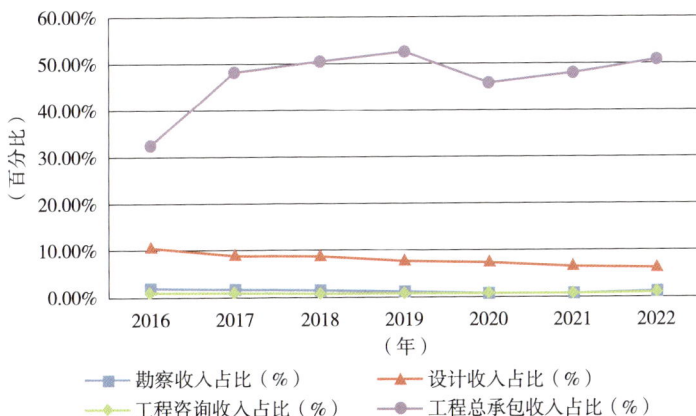

图 15　2016—2022 年工程总承包、设计收入占比变化情况

3. 我国建筑设计单位现状

建筑设计单位（Architectural Design Institution）是 2014 年公布的建筑学

名词，是指具有合法设计资质的从事工程项目设计机构的总称。

建筑设计业务是指运用工程技术理论及技术经济方法，按照现行技术标准，对新建、扩建、改建房屋建筑物和附属构筑物设施等进行综合性设计及技术经济分析，并提供作为建设依据的设计文件和图纸的专业活动。由于各建筑设计企业自身业务定位、细分服务领域侧重点的不同，根据建筑设计企业所专注的设计业务阶段不同，可将其进一步细分为三类企业（表2）。

建筑设计企业的分类　　　　　　　　　　　　　　　表2

类型	参与设计阶段	设计内容	经营模式	特点
方案设计公司	概念设计 方案设计	专注于建筑设计中的方案设计环节（部分方案设计公司会从事施工图设计阶段的初步设计阶段），基于规划设计基础进行方案创作	单项业务经营模式	规模大小不一，在特定领域开展业务，培育竞争比较优势
施工图设计公司	初步设计 施工图设计 施工配合	以施工图设计为核心业务，在建筑方案公司工作成果的基础上，对方案进行进一步的细化和完整的诠释，进一步深化、落实，形成指导工程建设单位施工的建筑图纸		
全过程设计公司	全过程	参与从概念设计至施工图设计及施工配合等全过程设计流程，但在具体设计项目中会有侧重	综合业务经营模式	通过不断的业务拓展参与多个业务环节，以充分实现建筑设计从方案设计至施工图设计的完整性、互补性和综合性

近年来，我国建筑设计行业企业数量保持稳定。2013—2019年以来，我国建筑设计行业企业数量保持在5000家上下浮动，2019年出现近年来最大幅度增加。截至2019年末，全国建筑设计类企业共计5917家，较2018年增加18.98%。截至2022年末，我国建筑设计行业企业数量6200余家（图16）。

尽管设计类企业数量整体较多，但拥有各类甲级资质的企业数量并不多，尤其是拥有综合资质甲级的企业不多。全国建筑市场监管公共服务平台数据显示，截至2022年底，我国工程设计综合资质甲级企业仅有88家，工程设

图 16　2013—2022 年我国建筑设计类企业数量变化情况

计建筑行业甲级企业共 202 家，工程设计建筑行业（建筑工程）甲级超过 450
家、工程设计建筑行业（人防工程）甲级 217 家，工程设计建筑设计事务所
甲级企业 242 家（表 3）。

工程设计资质企业数量　　　　　　　　　　　　　　　表3

资质类型	企业数量（家）
工程设计综合资质甲级	88
工程设计建筑行业甲级	202
工程设计建筑行业（建筑工程）甲级	>450
工程设计建筑行业（人防工程）甲级	217
工程设计建筑设计事务所甲级	242

　　自 2017 年以来，我国房屋建筑工程设计新签合同额整体呈现增加态势，
占工程设计新签合同额比重不断提高。2020 年我国房屋建筑工程设计新签合
同额为 2371.6 亿元，占工程设计比重达 33.7%。初步估算 2024 年我国房屋建
筑工程设计新签合同额约 3100 亿元，占比约 35%（图 17）。

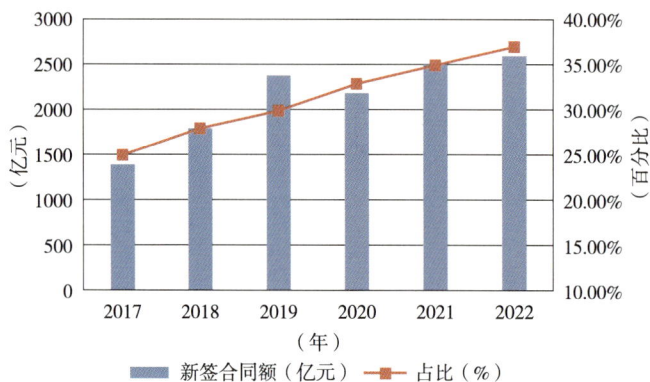

图 17 2017—2022 年我国房屋建筑工程设计新签合同额及占工程设计比重

2019 年，我国建筑设计行业营业收入规模已经达到 2.59 万亿元（图 18），2010—2019 年年均复合增长率约为 44.26%。初步估算 2024 年我国建筑设计行业营业收入约为 3.3 万亿元。

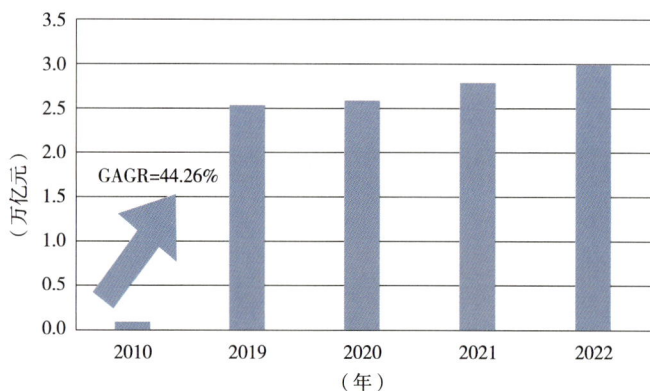

图 18 2010—2022 年我国建筑设计行业营业收入

一方面，随着我国经济的发展和社会的进步，建筑作为一种商品，其差异化、个性化的需求特征日益突显，引起市场供求双方的广泛关注，这对设计技术的特色和专业化提出了更高的要求。加之，如今我国建筑市场的建设投资出现多元化趋势，催生了市场的需求多样化，推进了建设设计市场需求多元化的发展新格局。

另一方面，由于传统业务的缩减，设计与施工割裂的模式已经不能满足和适应现有市场，设计行业的升级与现有政策的推行，都引导着大型设计院向工程总承包转型升级，以此解决目前建筑设计行业设计费低、融资难、结构不合理的发展困境。工程总承包业务快速发展，设计院转型工程总承包将成为行业的趋势之一，当前已有许多设计院应政府或者上级主管单位要求开始探索工程总承包。

二、
基本概念与理论基础

（一）工程总承包

工程总承包是指从事工程总承包的单位按照与建设单位签订的合同，对工程项目的设计、采购、施工等实行全过程或者若干阶段承包，并对工程的质量、安全、工期和造价等全面负责的工程建设组织实施方式。

美国是最早提出并开始实施工程总承包的国家。1913 年，美国国内的第一座电灯厂工程采用工程总承包。早期工程总承包模式多用于石化工业建厂工程，如化工、矿厂等。20 世纪 60 年代后期，工程总承包模式在小规模、简单的工程中成功应用的案例越来越多。20 世纪 80 年代，工程总承包模式已经扩展到一般工程及公路兴建。业主们更希望将设计、采购、施工全部交给承包方来完成，工程总承包开始在国际上得到业主的青睐。随着 1996 年《联邦采购条例》发布，工程总承包模式逐渐扩展到许多领域。通过对英国、美国、新加坡等发达国家的调查，发现工程总承包模式占建筑市场的比例持续、高速地增长，总承包商的地位在不断提高，国际建筑市场的集中不断提高。至20 世纪 90 年代，国际上工程总承包营业额增长非常迅速，工程总承包模式已经被建筑市场与业主认可，成为发展最快的主流建设管理模式。

1. 工程总承包模式

工程总承包企业按照合同约定对工程项目的安全、质量、工期、造价等向业主负责。工程总承包企业可依法将所承包的部分工作发包给具有相应资质的分包企业，分包企业按照分包合同约定对总承包企业负责。工程总承包主要有以下几种模式：DB（Design-Build，设计—施工）模式、EP（Engineering-Procurement，设计—采购）模式、PC（Procurement-Construct，采购—施工）模式以及 EPC（Engineering-Procurement-Construct，设计—采购—施工）模式。

（1）DB 总承包模式

DB（Design-Build）模式，即"设计—施工"模式是国际上工程建设中常用的现代项目管理模式之一。中国建筑业协会工程项目管理委员会关于"设计—施工总承包"的标准定义为：设计—施工总承包模式是指在工程项目可行性研究或者项目初步设计完成以后，根据具体工程的施工特点，将工程项目中的设计与施工捆绑委托给一家具有设计施工总承包资质的企业，并最终对工程项目中的进度、安全、成本及质量全面负责。简言之，工程项目设计施工总承包企业根据合同规定，负责设计与施工的任务，并对工程项目全过程负责。美国建筑师协会（AIA）认为设计—施工总承包是由一个机构同时负责设计和施工，并与业主签订负工程全部责任的单一契约，同时提出设计及施工报价，并在工程进行初期即获施工委托，设计与施工有可能并行作业。国际顾问工程师协会（FIDIC）将 Design-Build 承包模式定义为由 DB 承包商负责办理全部设计施工工作，并负相应的工程责任。虽然表述的文字略有不同，但国内外协会等官方对 DB 模式的定义是基本一致的。

（2）EP 总承包模式

EP（Engineering-Procurement）模式，即"设计—采购"总承包模式，是指工程总承包企业按照合同约定，承担工程项目的设计和采购，并对承包工程的采购负责。在 EP 模式中，总承包方负责设计、设备采购等工作，业主另行委托施工方来完成土建施工、设备安装等工作。EP 总承包商与施工总承包商之间没有合同关系，他们与业主分别签订各自的合同；EP 总承包商按照合同完成设计与采购，施工总承包商按照合同根据 EP 总承包商的设计和设备进行施工和安装。EP 总承包模式由于是设计方进行采购，可以更直接地与制造方沟通，获得有特殊要求的设备，有效地控制设计与采购质量，更好地满足业主需求。业主只和 EP 总承包商及施工总承包商签订合同，减少了业主的管理工作，同时也有效地减少了合同纠纷和索赔。

（3）PC 总承包模式

PC（Procurement-Construct）模式，即"采购—施工"总承包模式，是指工程总承包企业按照合同约定，承担工程项目的采购和施工，并对承包工程的采购和施工的质量、安全、工期、造价负责。在 PC 总承包模式下，设备选型、采购、工程施工均由总承包方负责。采用此模式有利于提高工程质量，缩短周期，降低工程造价，避免项目投资失控，合理利用业主方现有的人力资源和经验资源，提高工作效率，弥补一些工程公司在总承包方面的不足，设备、材料采购质量更加有保障，采购人员实行现场管理，服务更加到位。但是 PC 总承包模式也存在不足，在设计深度不够时容易出现设计与采购—施工脱节的现象，可能会对项目建设的进度、质量造成一定的影响。

（4）EPC 总承包模式

EPC（Engineering-Procurement-Construct）模式，即"设计—采购—施工"总承包模式，也称为"交钥匙工程"，是指业主方委托工程总承包企业，对工程建设项目的设计、采购、施工等按照合同约定实行全过程承包的管理模式。在管理过程中，承包商对费用控制、进度控制、质量控制、合同管理、安全管理、组织协调全面负责，实现整体效益最大化。与传统模式相比较，交钥匙模式合同数量和类型少，能有效减少组织协调时间与沟通成本，业主只需要按照签订的总承包合同，将项目全程交给总承包方负责，无须分别与设计、采购、施工进行沟通。

在 EPC 总承包项目中，业主希望通过成熟的总承包商的专业优势来化解工程实施风险和提高项目效益，在向总承包商转移风险的同时也给了承包商创造价值和获取利润的机会。总承包商对设计、采购、施工全过程控制，设计、采购、施工的统一策划、统一组织、统一指挥、统一协调和全过程控制，是实现设计、采购、施工之间合理有序进行交叉搭界的组织保障和前提条件。通过局部服从整体、阶段服从全过程的指导思想优化设计、采购、施工，采购被纳入设计程序，对设计进行可施工性分析，以提高设计质量；通过实施设计、采购、施工全过程的进度、费用、质量和资源控制，以确保实现项目目标。

2. 工程总承包优点

工程总承包并不是一般意义上设计施工承包的重复式叠加，它区别于一般土建承包、专业承包，是具有独特内涵的一种项目建设管理模式。它以向业主交付最终产品为目的，是一种对整个工程项目实行整体构思、全面安排、协调运行的前后衔接的承包体系。它将过去分阶段分别管理的模式变为各阶段通盘考虑的系统化管理，使工程建设项目管理更加符合建设规律和社会化大生产的要求。

（1）提高工程效率。传统的业主项目管理方式是针对各个环节分别找承包方，为业主服务的合作方、施工方、勘察方、设计方、监理方都是业主的外部利益相关方，外部相关方的利益平衡和互相推诿，导致项目建设效率不高。工程总承包模式既可以让业主通过减少发包而大大提高工程效率，又可以使承包商利用自己的专业优势继续提高工程效率。

（2）有利于资源配置。工程总承包模式中业主方不需要对接多个承包方，只与一个工程总承包方签订合同，减少了人员纠纷和资金浪费。总承包方减少了时间成本的浪费，可以更好地衔接资金、技术、管理等各个环节；分包方则可以更好地发挥自己的专业能力，提高自身专业化程度。

（3）缩短工期。传统建设模式需要在项目立项后首先进行设计承发包，施工图设计完成并取得图审合格后才能启动施工承发包流程。EPC 总承包模式可通过一次招标、一个合同找到满意的设计和施工供应商，交易时间被合理压缩；同时可通过设计、采购、施工建设时序的有效合理搭接和融合，达到缩短工期的目的。

（4）**控制成本**。工程总承包模式下业主只与总承包商签订合同，其他分包商只与总承包商签订合同，接受总承包商管理。业主在招标信息收集、合同谈判、管理协调等方面的工作量大大减少，交易成本显著降低。工程承包方与分包方的关系由外部关系转换为内部关系，沟通协调成本降低。另外，业主将投资风险转移至 EPC 总承包商，EPC 总承包商充分发挥自身的主观能动性、技术优势和管理优势来降低风险和控制成本，最终实现项目的成本控制目的。

（二）EPC 总承包模式类型

EPC 总承包模式的特征是业主只与工程总承包商签订工程总承包合同，业主把工程的设计、采购、施工和调试服务工作全部委托给工程总承包商。常见的 EPC 总承包模式类型分为两种，一种是由设计方牵头的工程总承包，另一种是由施工方牵头的工程总承包。事实上，围绕工程总承包牵头方的归属问题，我国在 20 世纪 80 年代就已经试点探索过，但时至今日也未能形成一个明确、统一的结论。

1. 设计牵头 EPC 模式

设计牵头 EPC 模式有两种，一种是设计企业与施工单位组成联合体共同承接工程总承包业务，设计企业作为联合体的牵头人，在这种模式下，设计企业与施工企业作为联合体共同与业主签订总承包合同。设计企业主要承担工程总承包业务中的设计业务和总承包管理工作，施工企业承担施工和施工管理工作。另一种是设计企业独立承接工程总承包项目，在这种模式下，由设计企业作为建设项目的总承包商，与业主签订总承包合同。对于施工部分的工作，分为两类：一是将全部的施工任务分包给一个施工企业；二是将施工任务拆分为若干个小标后再进行分包，寻找多个分包商，并由设计方总管不同的分包商。

设计牵头 EPC 模式具有以下优势：（1）技术优势。设计是所有工程项目的起点，从设计图纸到施工是一个从无到有的过程。在采购施工阶段时，设计企业可以将自身技术优势延伸过来，技术人员能很快适应这两个阶段的建设需要，从而加快设计采购施工一体化进程。（2）沟通优势。设计企业作为智慧密集型的代表，设计企业高素质高学历的员工形象，更容易得到业主的信任，业主也愿意与设计企业进行沟通来满足自身需求。对于业主来说，设计企业对业主需求和工程功能需求更清楚，能有效协调和解决业主提出的诉求，具有高效沟通的优势。（3）总体把控。由于整个项目是由设计主导，因此设计企业在设计过程中可以直接进行项目各环节的统筹，以此达到总体把控的效果，可以缩短采购周期，节约施工成本和投资成本。

设计牵头 EPC 模式的劣势：（1）服务意识薄弱。由于设计企业以往的业务与一线市场的联系不如施工企业紧密，更多偏重技术和规程规范，服务意识普遍较为薄弱。（2）现场管理能力弱。虽然设计企业的专业能力很强，但是远离建筑市场和施工现场，导致对现场把控能力、采购谈判能力和资源整合能力不足。（3）承担的风险大。设计企业作为轻资产企业，融资能力和抗风险能力较低，一旦项目出现问题，设计企业几乎没有能力进行赔付。

2. 施工牵头 EPC 模式

施工牵头 EPC 模式也有两种，一种是施工企业与设计企业组成联合体共同承接工程总承包业务，施工企业作为联合体的牵头人，在这种模式下，施工企业与设计企业作为联合体共同与业主签订总承包合同。施工企业承担工程总承包业务中的施工和总承包管理工作，设计企业主要承担设计工作。另一种是施工企业作为建设项目的总承包商，与业主签订总承包合同，对中标项目的设计与施工全过程负责。此种模式下，对于设计部分的工作，分为两类：一是施工企业可以利用企业内部设计能力完成设计工作；二是施工企业可以寻找设计企业和多个分包商来承担设计任务，与自身签订设计分包合同。

施工牵头 EPC 模式的优势：（1）现场管理能力强。施工企业拥有强大的项目管理能力，在施工过程中遇到问题时，施工企业往往比设计企业调整起来更加灵活，施工企业长期处在施工现场，对作业环境熟悉，有丰富的施工管理经验。（2）抗风险能力强。施工企业往往是具备一定能力的大、中型企业，拥有一定的资产，业主往往会把项目上遇到的问题都归结于施工企业，时常面对突发状况使施工企业具有较强的风险预测能力，应对各种风险的经验较为丰富。（3）资源整合能力强。施工企业长期深入建筑市场，与建设单位接触多，在沟通和解决矛盾上经验丰富，更有利于推进工程项目的实施；此外，施工企业在承接项目的时候往往会善用其资源组织能力强的特点，比设计企业更加灵活。

施工牵头 EPC 模式的劣势：（1）无法独立完成设计优化。施工企业处于价值链的下游，缺少设计管理人才，所以很多为了降低工程成本和加快工程进度的设计修改难以得到设计人员的支持。（2）信用度低。由于建筑市场的特殊性，导致施工企业在业主心目中的信用处于较低水平，即使做了工程总承包，业主依旧会过多地干预项目，致使工程总承包流于形式，失去其本来的意义和优势。

（三）理论基础

1. 平衡建筑理论

《礼记·曲礼下》"执天子之器，则上衡；国君，则平衡"。衡：平，指与人心胸位置相平。平衡则意味着两物齐平如衡。《汉书·律历志上》"准正，则平衡而钧权矣"，平衡意思是衡器两端承受的重量相等。"平衡"也是哲学名词，指事物处在量变阶段所显现的面貌，是绝对的、永恒的运动中所表现的暂时的、相对的静止。毛泽东同志在"关于正确处理人民内部矛盾的问题"中提出，"所谓平衡，就是矛盾的暂时的相对的统一"。在工程力学上，平衡是指两个或两个以上的力作用于一个物体上，各个力互相抵消，使物体成相对的静止状态。平衡，是一切事物美妙的归宿，也是下一个惊艳的开始。这个世界上平衡是无处不在的，建筑之美因平衡而经典，人居与自然因平衡而共存（董丹申等，2021）。

平衡建筑的思想基础源自"知行合一"的传统哲学思辨。王守仁（阳明先生）集知行学说之大成，将"知行合一"发展成完备的哲学体系，使之既是一种识知与践行的功夫，更是安身立命的哲学本体。近年来，平衡建筑研究基于"知行合一"进行理论探索和实践转化。从根本上说，"知行合一"与"平衡建筑"的关切核心均以"人"为本源。在建筑领域的知行合一，包括"情理合一、技艺合一、形质合一"三个层面：即在"道"的层面，倡导情感与学理相统一的"情理合一"；在"法"的层面，追求艺术与技术相融合的"技艺合一"；在"器"的层面，着重形态与品质相匹配的"形质合一"。平衡建筑的特质包含"人本为先、动态变化、多元包容、整体连贯、持续生态"五个方面，原则概括为"特定为人、矛盾共生、渴望原创、多项比选、技术协同、低碳环保、摹拜细节、融于环境、终身运维、获得感动"十项要旨（董丹申等，2021）。建筑师则是"知行合一"的践行者，不断追寻着情与理、技与艺、形与质之间的微妙平衡，努力通过平衡建筑观来实现高完成度的原创精品。

目前中国建筑总体环境正处于错综复杂的多元现实矛盾之中。在横向的时空上，世界共置于全球化的时代，城市化一直在波澜壮阔地开展；在历史纵向进程上，将转向内涵集约式存量型为主与增量结构调整并存的高质量发展模式；另外，改革在不断地深化，探索性的转变还在进行中。在相当长的一段时间里，非均衡发展的状态涵盖了社会经济的各个层面，"不平衡"是绝对的，"平衡"是相对的。平衡建筑就是努力在绝对的"不平衡"中把握相对的"平衡"。历史地看，当代中国在历经长期的非均衡发展之后，已经逐渐开始走向均衡发展的道路，各种相互冲突的因素也在碰撞中寻找自己的定位，慢慢趋于相互共生的状态，在传统和未来之间走向平衡。

世界上的事物一般是以时间和空间为其存在形式的，从时间和空间两个不同层面观察世界，统一的事物就表现为过程与系统这两种基本形态。过程，以时间为主线，体现了事物发展的前后联系以及变化的方式；系统，则以空间为主线，体现了事物内外的有机联系以及保持其实质的状态特征。事物的发展即可看作过程的系统集合，时间、空间两条线决定了事物的发展。平衡建筑实践不仅要对建筑空间发展的横断面进行共时态的静态观测，还须进行历时态的追踪考察，从建筑的发生、发展过程中去分析其动态变化。建筑从设计到落成的过程，正是建筑从虚拟走向现实的过程；从"人（业主、设计、施工、管理等多方主体）"的主体行动角度来分析，正是在"讲理、求变、共生"三个方面下功夫。"讲理"是建筑从无到有的起点，是后续所有步骤的准备和基础；"求变"就是在图纸、模型、计算机模拟等虚拟态中，能够在建筑与需求之间建立连接的最大相互适应程度；"共生"是建筑落成于基地后的结果，即产生"共生"的建筑共同体，也就是基地环境出现扰动后上升到新的平衡与发展状态。从"物（建筑、基地）"的客体实现角度分析，则有"人性化、创造性、包容性"三重内涵的呈现。"人性化"体现了充满慈悲大爱的人本情怀；"创造性"是指不断打破旧窠臼，并寻求新的平衡点；"包容性"即寻求多元、共享的平衡。在平衡建筑的实践模式中，"讲理中的人性化、求变中的创造性、共生中的包容性"是"人（业主、设计、施工、管理等多方主体）"的主体行动与"物（建筑、基地）"的客体实现之间的直接互动。

平衡建筑理论的内涵不断扩大，一是时间维度的拓展，平衡建筑不再局限于建筑创作、建筑设计阶段，而是拓展至整个建筑的项目建设过程；二是内容维度的拓展，不再局限于建筑功能、外形等功能与外形的平衡内容，而是拓展至成本与品质的平衡、效率与经济的平衡、建筑密切相关者的平衡等全方位。

物质决定意识，任何项目的成本与控制是项目实践全过程细节中的核心依据。平衡不代表平淡、平庸、无味、无趣，"有趣"应成为建筑工作者的一种崇高境界，避免出现设计理念很飘逸、现场实存却很简陋的现象。技术是建筑生命系统中的重要组成和支撑，不是为技术而技术，让技术充满诗意与人性，才是技术的归宿。平衡建筑强调每一个专业技术的存在价值取决于它在建筑平衡体系中的符合度与协同度。在实施过程中，建筑的策划、规划、设计、施工、材料以及各阶层的关注（包括社会的、学术的、审美的等），都是促成建筑平衡的重要组成部分。

建筑设计的成功远不是建筑生命的最终实现，还必须考察以现场为中心的施工完成度；施工完成也不是建筑生命的最终实现，还必须考察建筑使用者的接受状态；使用者的接受状态仍不是建筑生命的最终实现，还必须追踪社会大众离开建筑后对其进行自发传播的社会广度；一时的社会传播面还不够，还须进一步考察在历史过程中延续的长度。建筑的生命周期，远远超越了个人、一代人甚至几代人的生命周期，建筑的价值从本质上讲是一种超越性的生命价值，除了当下的功利价值局限外，还应延伸到更加深远的时空视阈之中，获得超越现实生存利害的文化意义与恒久价值，以"人性化"激发"创造性"，以"创造性"生发"包容性"，以"包容性"孕育"人性化"，三者形成一个首尾呼应的环，体现出"情理相生"的起始、发展与实现，贯穿建筑生命的始终。建筑是一种以建筑设计为起点的系统行为，必须以社会性的共同心理与生理体验为依归。

2. 项目治理理论

"治理"（Governance）一词起源于拉丁语"gubernare"，意思为"统治"

或"掌舵"，即控制、引导和操纵等。治理被运用于经济学、政治学、社会学和管理学等多个不同的学科领域。Hood（1991）认为治理是通过合同订立、经营权的授予和其他有效的创新管理方式更有效地实现管理，即新公共管理。Kooiman（1993）指出治理是一种不能由外部强加的秩序或结构，它依靠相关行为者之间互动的影响而发挥作用。学者普遍认可治理的价值在于其所提供的组织框架，人们通过这种框架了解变化中的统治过程，理论学家以治理框架为参照考察现实，从而获得不同以往的深刻见解（格里等，2019）。

为了应对社会高速发展所带来的各种机遇或挑战，企业以项目为基本单元并通过迅速整合资源的方式处理临时的、新的工作任务。随着项目变得大型化、综合化和复杂化，项目在实施过程中出现了各种问题，且难以通过项目管理解决，于是人们提出"项目治理"。Graham M（2001）首次把治理引入建设项目管理，提出建设项目过程交易治理的基本框架，由垂直交易治理和水平交易治理构成。Keith Lamhert（2003）认为项目治理是指围绕项目结构、项目系统和项目实施的过程而采取的一系列措施，最终使得项目交付后能有效地被使用，并能充分发挥项目的效用和利益。Turner（2006）认为项目治理是一种治理机制，通过设立项目目标、明确实现目标的途径，以及确定监管绩效的方法形成一种框架，以实现项目治理。Ralf（2009）提出项目治理让项目能服务且致力于实现组织目标，不仅使项目（实施过程和成果等）有利于实现其相关利益者的利益，同时有利于实现公司本身利益。Eric（2013）基于公司治理理论的理解，认为项目治理就是平衡组织内良好的项目计划和项目选择、项目投资人利益、监督和战略职能，以及有效的项目管理和方案。丁荣贵等（2013）认为项目治理是一种制度框架或治理机制，合理的制度框架或治理结构是实施治理的关键。

严玲等（2004）提出公共项目治理的概念，指出公共项目治理是获得秩序并认识共同利益的一种方式，是一种制度框架——主要参与者服从这种制度安排中的责、权、利关系，并以此为依据完成交易，完整的公共项目治理结构安排应包含外部的市场机制。之后国内学者们对项目治理理论进行了多维度的探索。沙凯逊等（2009）分析了建设项目的治理逻辑，提出（1+3）CC模式下项目治理的四种模式，分别是总承包商主导、客户主导、专业承包商主导和市场主导。丁荣贵等（2013）认为项目治理是确定和维护项目参与各方责、权、利等规制关系的过程。

关于项目治理的概念还未达成一致，但学者们均认可项目治理的目的是通过激发利益相关者的积极性，使其为项目目标努力，以确保项目有效交付；为了达到项目治理的效果，需关注利益相关者的需求；项目治理通过合理的制度框架影响利益相关者的行为而达到治理的效果。佟瑶（2019）从项目治理的角度，建立了 EPC 总承包项目绩效评价指标体系，针对实际 EPC 总承包项目分析了项目利益相关者之间的关联度及沟通效率，对该 EPC 总承包项目的绩效进行了评价。

3. 利益相关者理论

"利益相关者"一词 300 多年前就已出现，当时被用来表达那些参与某一项活动或参与企业"下注"，并在其中抽头或赔本的人们（贾生华，2002）。1929 年，美国通用电气公司经理的演讲中指出"公司应服务于利益相关者"（刘俊海，1999）。斯坦福大学研究所首次明确定义利益相关者的概念，利益相关者是这样一些团体，没有其支持，企业就不可能生存。这个定义虽然具有一定的狭隘性，但它明确了企业不仅为股东服务，让人们开始意识到除了股东，还有很多人或者群体能够影响到企业的生存。Freeman（1951）认为利益相关者是能够影响一个企业目标的实现或者受到一个企业实现其目标过程影响的所有个体和群体。Clarkson（1995）进一步提出利益相关者的概念，是指那些在企业中投入了一些实物资本、人力资本、财务资本或一些有价值的东西，并由此而承担某些形式的风险或者说他们因企业活动而承受风险的人。

随后，经济学家安索夫最早将利益相关者引入管理学界与经济学界，其认为"要制定出一个理想的企业目标，必须综合平衡考虑企业的诸多利益相关者之间相互冲突的索取权，他们可能包括管理人员、工人、股东、供应商以及分销商"。利益相关者理论是在对"股东利益至上"的质疑中逐步发展起来的。《管理学大辞典》中对"利益相关者理论"定义是指公司治理中关于利益相关者的理论。该理论认为，公司要对与公司有各种经济或非经济利益关系的相关者负责；公司的经营决策必须考虑相关者的利益或接受其约束（陆雄文，2013）。1990 年，《宾夕法尼亚州 1310 法案》发布，"利益相关者理论"开始更多地被运用于西方企业管理中，并形成较一致的观点，企业由利益相关者组成，企业应为所有利益相关者创造财富和价值。利益相关者间的关系分析也不再仅仅围绕企业或某个其他组织的中心而展开，而是从利益相关者间通过契约和非正式关系所形成的"社会网络"关系中展开。

王介石（2012）是从利益相关者理论研究合同治理、关系治理以及二者共同作用的治理机制与项目绩效的关系。为了促进 EPC 总承包项目各利益相关者的有效合作，张春梅（2014）从收益分配的角度解决这个问题，并将项目管理中的"利益相关者共同参与理念"引入 EPC 总承包项目中，将利益相关者共同参与观念作为 EPC 总承包项目收益分配的前提。

4. 集成管理理论

关于集成的概念，学界尚未形成统一观念。龚建桥等（1996）认为集成是指将独立的若干部分加在一起或者结合在一起成为一个整体。刘晓强（1997）认为集成是一些事物集中在一起构成一个整体。李宝山等（1998）认为将适宜的要素经过优化、选择和组合搭配后，形成一个互补和匹配的有机体，这个过程才是集成。海峰等（1999）则认为集成是两个或两个以上的要素，如单元、子系统，按照某种集成规则进行组合和构造后形成的有机整体。吴秋明等（2003）提出集成应是具有某种公共属性要素的集合。

美国学者切斯特·巴纳德最早提出集成管理思想（王方等，2002）。美国海军"哥白尼计划"运用系统集成方法，减少了系统数量并实现系统集成化。随后，我国学者钱学森等（1990）提出定性定量相结合的综合集成方法。这种方法通过将不同专家的经验和知识、各类数据和信息与计算机技术有机结合，将各专业学科的理论和人的经验知识形成具有整体和综合优势的有机系统。于景元等（2005）将还原论思想和整体论思想结合起来形成综合集成思想，指出由"总体设计部"负责全局统筹和系统顶层设计，实现"从上而下"的研究。这种综合集成思想以系统结构为基础，综合集成思想、综合集成方法为集成管理奠定了理论基础。随后，集成管理方法被用于人工智能、国防建设、区域规划、社会经济、环境科学与资源利用、工程建设等领域。

集成管理是一种效率和效果并重的管理模式，它突出一体化的整合思想。集成管理的对象由传统的人、财、物等资源转变为以科学技术、信息、人才等为主的智力资源，提高企业的知识含量，激发知识的潜在效力，成为集成管理的主要任务。集成管理的实质是对零散的信息与单独的管理活动进行的资源整合和优化。学者们对于项目集成管理各有见解。戚安邦（2002）认为由于项目中的某个要素变化会引起其他要素的变化，故项目集成管理应从整体进行统筹考虑，对各专项管理（范围、成本、时间、质量和采购等）进行整合与协调，以实现项目整体利益最大化。吴秋明等（2004）认为集成管理是通过探索一般性集成行为的规律，使生产要素通过管理者能动的计划、组织、指挥、协调、控制等集成活动，形成有机体或系统，从而达到整合和增效的目的。刘玉琦（2008）认为在项目全生命周期，即项目的启动、规划、实施、收尾、运营、拆除等各阶段均应实现管理的有机集成，并提出集成方式可从各阶段之间的单向集成转变为各阶段之间的复合集成。

现阶段，集成化的管理模式得到了更为广泛的应用。集成管理不单是一种管理模式，更加关注资源集成整合，确保工程中的每个环节皆可以获得有效的管理效益，充分确保管理的全方位性。实践案例表明，通过 EPC 造价集成控制，某水利水电工程总造价最终节省 13.71%（陈敏等，2021）；将集成管理理论运用于港口 EPC 总承包建设项目实施管理中，能够较好地实现总承包商的管理目标，提高管理效率，促进信息共享（仝以恒，2022）。

5. 价值工程理论

价值工程理论是从价值分析概念发展而来。美国价值工程师协会对价值工程定义为，价值工程是一种系统化的应用技术，通过对产品或服务的功能分析，建立功能的货币价值模型，最终以最低的总费用可靠地实现必要的功能（Stuart D，1998）。日本价值工程专家玉井正寿（1981）定义价值工程为价值分析，是以最低的寿命周期费用，可靠地实现必要的功能，着重于产品或作业的功能分析的有组织的活动。我国国家标准《价值工程　第 1 部分：基本术语》GB/T 8223.1—2009 对价值工程的定义为，通过相关领域的协作，对所研究对象的功能与费用进行系统分析，不断创新，旨在提高对象价值的思想方法和管理技术。虽然表述不同，但价值工程本质都是围绕功能和成本而展开的。

以价值工程理论功能分析为核心，通过分析方案功能与成本之间的关系，力求以最低的生命周期成本实现产品的必要功能，从而确定重点改进的功能和成本投入的增减，实现方案价值最大化。其一般形式可表示为：

$$V=F/C$$

其中，F 为功能指数；C 为成本指数；V 为价值指数。

价值工程已成为现代管理科学中的一门重要分支科学。价值工程理论的本质是探寻研究对象的价值与功能及成本或费用的关系，以最符合实际情况的方式获取研究对象的价值提升。其应用的对象也不再局限于实物产品，而是拓展到各个领域。其核心是对研究对象进行功能分析。价值工程理论作为一种指导思想，帮助人们更清晰地考虑所需功能与成本之间的关系，便于人们作出决策。

周莹（2022）从工程项目价值实现角度出发，探索新的工程设计方法发展工程项目价值，通过加强项目团队间的协作关系、改善设计流程等措施合理确定建设工程产品价值，在确保工程项目投资控制目标实现的前提下，实现 EPC 总承包项目价值最大化。周璐（2022）以价值工程为指导理论对 EPC 总承包项目设计阶段成本管控展开了研究，建立了民用建筑设计功能评价体系，运用价值工程原理，制定合理的限额设计标准，能在保证设计质量的情况下有效地控制项目建造成本，提高项目的经济收益。

6. 激励理论

1954 年，Pter F.Drucker 提出了"人力资源"。随后，人力资源管理的理论和实践研究得到前所未有的发展。激励是人力资源管理的核心，有效的激励机制直接影响着员工能力的充分发挥，并最终关系到员工个人的发展以及企业整体的生存与发展（赵曙明，2005）。激励是激发和培养人的工作动机，促使人为实现既定目标增强行为努力的过程。研究发现，在缺乏激励的环境中，职员的潜力只能发挥 20%~30%，以保全"饭碗"；但在良好激励的环境中，同样的人员却可以发挥潜力的 80% 以上（Doug Anthony，2001）。在管理中激励，不仅是一个激发工作动机的过程，还可能是一个培养员工工作动机的过程，后者对工作绩效和生产率的提高有时意义更大（章凯，2007）。

20 世纪，随着科学管理理论的出现与发展，形成了比较系统的激励理论（郝辽钢等，2003）。激励理论，即研究如何调动人的积极性的理论。该理论认为，工作效率和劳动效率与职工的工作态度有着直接关系，而工作态度则取决于需要的满足程度和激励因素。管理者根据需求设置目标即可起到激励作用。双因素论者赫茨伯格把影响工作态度的因素分为保健因素和激励因素两类，保健因素包括组织政策、管理技术、同事关系、工资待遇、工作环境等，这些因素的改善可消除职工的不满情绪；激励因素是适合个人心理成长，能调动积极性的因素。激励的目的在于激发人的正确行为动机，调动人的积极性和创造性，以充分发挥人的智力效应，做出最大成绩（梁红铭，2021）。

激励理论更多意义上作为一种管理手法发挥作用，即通过考量人的需要的客观性和满足需要的规律性来制定激励方案，其目的在于体现个体的积极性和创造性，能够在实现个体发展目标与企业组织目标有机融合的基础上确保激励行为的有效性和可行性。

EPC 总承包项目联合体由不同的收益主体组成，且成员之间的相互隐藏行为存在普遍的信息不对称性。牛余琴（2015）基于团队激励理论的收益分配模型，有效地解决了团队成员的"搭便车"现象，提高成员企业的合作积极性，从而更好地激励整个团队产生更大的项目收益。蒋毅敏（2016）则根据激励理论，构建了在 EPC 模式中的设计监理激励机制、框架和模型。庄肃晓（2019）认为海外 EPC 项目员工人力资源激励都存在不同程度的问题，研究项目员工激励的问题具有更重要的意义，能够为工程总承包企业加强管理、提高效率、构建优秀企业发挥积极作用。李淑敏等（2017）结合激励理论对承包商合理化建议降低发包人费用的奖励金额做出量化研究，有效提高了项目效益。

三、
浙大设计院 EPC 总承包项目实践

（一）浙大设计院发展概况

1. 浙大设计院发展历程

浙江大学建筑设计研究院有限公司（简称"浙大设计院"，UAD）始建于1953年，发展至今，已成为业界领先的大型工程设计咨询公司（图19）。发展过程中，浙大设计院紧跟时代发展，不断扩展业务与调整组织架构，通过外延与内涵建设，成长为业界翘楚。整体而言，浙大设计院的发展可分为三个阶段。

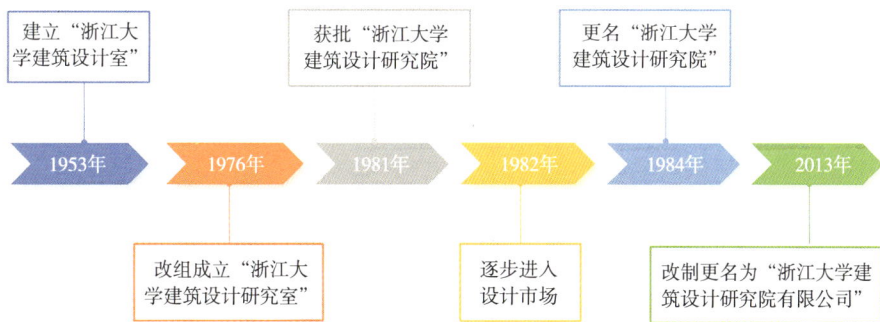

图19　浙大设计院的发展历程

（1）初建期（1953—1980年）：服务于浙江大学玉泉校区建设

浙江大学校址为大学路的求是书院旧址。根据当时浙江省及杭州市人民政府关于在杭州城西偏北区域建立文教区的意见，浙江大学校址从大学路调整至文教区内。1953 年，浙江大学在老和山下的广袤土地上开始建设新校园。为了更好地建设浙江大学玉泉校区，成立了浙江大学建筑设计室。浙江大学建筑设计室是浙大设计院的最前身，其人员均由浙江大学土木系的教师组成，为甲级设计机构。1976 年，"浙江大学建筑设计室"改组为"浙江大学建筑设计研究室"，由部分土木系教师、基建科技人员组成。浙大设计院为玉泉校区建设设计了邵逸夫科学馆、邵逸夫体育馆、永谦活动中心、欧阳纯美科学楼、竺可桢国际教育大楼、曹光彪高科技大楼等一批先进的教学科研、文化体育活动场所。图 20 为浙大设计院老办公楼。

图 20　浙大设计院老办公楼

（2）成长期（1981—2012 年）：逐步进入设计社会业务市场

1981 年，国家教育委员会正式批准"浙江大学建筑设计研究院"，并组建了设计院院办、经营技术室、建筑设计一室、建筑设计二室、资料图档室。1982 年，原浙江大学劳动服务公司在设计院设立服务点，一批青年同志来院工作，扩大了设计队伍，同年获得一级勘察设计证书。浙大设计院在为学校建筑设计的同时，向社会承接设计业务，逐步进入设计市场。浙大设计院承担设计任务的同时，还承担一定的教学、科研任务，即具有产、学、研相结合的特点，1984 年，国家教育委员会批准更改院名为"浙江大学建筑设计研究院"。2008 年，浙大设计院成立了工程技术研究中心，为省级企业技术中心。2000 年 1 月，浙大设计院通过 ISO9001 国际质量体系认证。2012 年成立院士专家工作站（市级）。图 21 为浙大设计院成长期办公楼。

图 21　浙大设计院成长期办公楼

（3）高质量发展期（2013 年—至今）："6 高"定位的战略发展

2013 年，公司改制更名为"浙江大学建筑设计研究院有限公司"（UAD），标志着公司迈入高质量发展阶段。浙江大学建筑设计研究院有限公司坚持"营造和谐、放眼国际、产学研创、高精专强"的办院方针，以"高品位的文化，高宽远的视野，高效能的管理，高素质的人才，高精专的技术，高质量的作品"为发展战略，企业规模不断扩大，部门数量与日俱增。2014 年，浙江大学建筑设计研究院有限公司与浙江大学建筑工程学院联合成立"协同创新研究中心"；2016 年，授牌浙江省企业博士后工作站；2017 年 11 月，通过职业健康安全管理体系认证和环境管理体系认证。2020 年被授牌为浙江省企业研究院，并与浙江大学共同成立校级研究机构——浙江大学平衡建筑研究中心。图 22 为浙大设计院现办公楼。

（a）西溪校区东一楼　　　　　　　　　　　　（b）紫金港院区

（c）逸夫科教馆

图 22　浙大设计院现办公楼

2. 浙大设计院特色定位

（1）专注建筑设计主业，将高品质设计服务与前沿行业思维紧密结合，是处于业界领先地位的大型工程设计咨询公司。业务范围集境内外的建筑设计、国土空间规划、市政工程设计、工程总承包、全过程咨询、项目管理、文化遗产保护、室内设计、风景园林设计、建筑幕墙设计、泛光照明设计、展陈设计、智能化设计、岩土工程、地质勘探、绿色建筑、工业化设计、BIM三维设计技术、海绵城市、智慧城市、未来社区等设计、技术、科研于一体的业务类别，可提供建设工程一站式全流程建设咨询与服务。公司现有资质等级及业务范围见表4。

浙大设计院现有资质等级及业务范围　　　　　　　表 4

等级	资质名称	业务范围
甲级	工程设计	建筑行业（建筑工程）（含建筑装饰工程设计、建筑幕墙工程设计、轻型钢结构工程设计、建筑智能化系统设计、照明工程设计、消防设施工程设计和附建式人防工程设计）
		市政行业（排水、道路、桥梁、城市隧道工程）专业
		风景园林工程设计专项
	工程勘察	工程勘察专业类岩土工程（设计、勘察）
	工程监理	房屋建筑工程、市政公用工程
	城乡规划编制	不受限制
	文物保护工程勘察设计	古文化遗址保护、古墓葬保护、古建筑维修保护、近现代建筑维修保护、壁画保护、文物保护规划编制
	工程咨询资信	建筑、市政公用工程
乙级	工程勘察	工程勘察专业类岩土工程（物探测试检测监测）
	工程设计	建筑行业（人防工程）专业
		市政行业（给水、环境卫生工程）专业
	工程咨询资信	其他（城市规划）
	工程造价咨询	工程造价咨询
	土地规划	土地规划

（2）坚持走创作路线和精品路线，以"平衡建筑"学术理论指导设计实践，在教育建筑、文化建筑、办公建筑、医疗建筑、人居规划、体育建筑、超高层建筑、既有建筑更新改造、景观桥梁、乡村振兴规划等领域凭借前瞻性的技术和市场研发，先后完成了多个高水准设计佳作，历年来共获得1400余项国家、部、省级优秀设计奖、国际设计奖、优质工程奖及科技成果奖。

（3）坚持设计、教学、科研相结合，依托浙江大学，定聘中国工程院院士、中国科学院院士等高科技人才作为技术支撑，繁荣建筑创作，积极参与市场竞争。中国工程院院士何镜堂先生和浙江大学求是特聘教授吴越先生担任艺术总监。公司现有员工约1700名，其中全国工程勘察设计大师1名，享受国务院政府特殊津贴专家1名，中国当代百名建筑师2名，浙江省工程勘察设计大师6名，中国杰出工程师4名，中国建筑学会青年建筑师、青年工程师奖获得者12名。据统计，公司本科及以上员工的占比达到99%，留学回国人员156人，工程师以上人员达到61.88%，高级技术职称480余名（图23），注册工程师600余名（表5）。

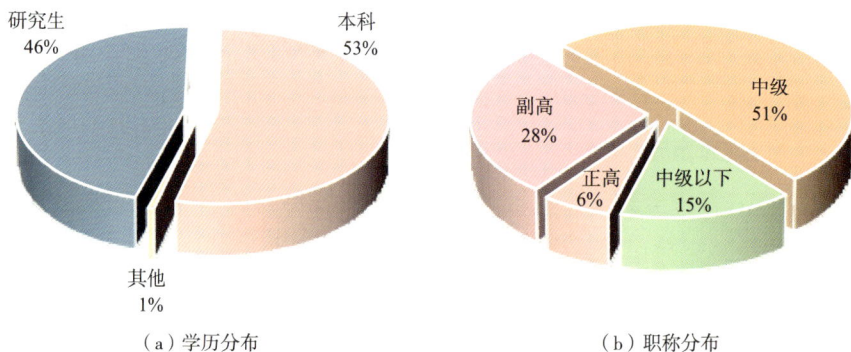

（a）学历分布　　　　　　　　（b）职称分布

图 23　UAD 员工学历及职称情况

（4）广泛开展国际学术交流与工程联合设计，与美国 SOM、KPF、CRTKL、HOK、JWDA、GMA、NBBJ、AUD、P+R、ARQ、HKS、GENSLER，瑞士 HDM 赫尔佐格＆德默隆建筑事务所，日本限研吾建筑都市设计事务所、

UAD 注册人员一览表   表 5

注册项目	人数（人）	注册项目	人数（人）
一级注册建筑师	192	二级注册建筑师	2
一级注册结构师	86	二级注册结构师	7
注册岩土工程师	22	一级建造师	37
注册电气工程师	30	二级建造师	28
注册给排水工程师	27	二级造价师	2
注册暖通工程师	33	注册咨询工程师	29
注册动力工程师	2	注册规划师	54
注册监理工程师	30	一级注册消防工程师	3
注册造价工程师	28	BC 证	28

日建、日本设计、久米设计、M.A.O 一级建筑士事务所，德国 GMP、WSP、海茵、STI，澳大利亚 COX、PTW、Woods Bagot，加拿大凯盛国际，新加坡巴马丹拿、D.P 建筑设计事务所、荷兰 Powerhouse Company & BCA，英国 TFP Farrells、Benoy、Forster+Partners、WALD 等国际知名的设计公司、事务所进行合作。

经过多年的建设，浙大设计院先后获得当代中国建筑设计百家名院、中国勘察设计行业创新型优秀企业、"十三五"浙江工程总承包领军企业、杭州市十佳勘察设计企业、杭州市首批十大产业企业技术创新团队、2022 年度五星功勋西商等称号；并被认定为国家高新技术企业、杭州市十大产业重点企业、杭州市文化和科技融合示范企业（试点）和首届"服务杭州"品牌 20 强企业；是第一批国家级工程实践教育中心建设单位，取得了较好的社会声誉和经济效益，得到社会各界和建设单位的赞扬及好评。

3. 浙大设计院组织架构

浙大设计院秉承着"精准设计、精确设计、精致服务、精细管理"的方针，扎实践行"追求卓越、创造共同价值"的宗旨，求是创新，不断用一流的作品证明自身的硬核实力。公司共有 10 个职能部门：综合办公室、人力资源部、财务管理部、审计监督部、品牌推广部、质量科技部、运营管理部、总师办公室、信息技术部、市场拓展部，负责公司行政工作的整体运转；9 个综合建筑设计院、8 个专业所、6 个研究中心、9 个专业分院、2 个事业部、6 个共建机构、6 个分支机构、2 个子公司，负责具体业务的承接和实施。公司业务范围涉及建筑行业、市政行业、岩土工程、风景园林、国土空间规划和文物保护等领域的工程设计、咨询和技术研发，以及工程总承包和全过程工程咨询等，是目前国内资质涵盖面最广的设计、管理和咨询公司之一。

（1）公司整体组织架构

浙大设计院组织架构以垂直式结构为主，党政联席会和总经理办公会是公司决议的主要形式。总经理办公会负责讨论和决定公司日常运行管理中的重要事项，涉及重大事项的讨论决定，先由总经理办公会议形成初步意见，然后报党政联席会议决策。职能部门在董事长、党委书记、总经理的领导下运行，确保公司的综合事务、人力、财务、运营、信息技术等方面的稳定运行。各综合建筑设计院、专业所、研究中心、专业分院、事业部、共建机构、分支机构、子公司在职能部门的配合下，开展具体业务。

为方便业务工作开展，增设了横向的项目组管理链。纵横两条管理链如同矩阵的两类向量，交错形成矩阵的组织结构（图 24）。该组织结构具有灵活、高效、便于资源共享和组织内部沟通等优势，有利于加强各职能部门间的联络和协作，使得组织愈加扁平化、柔性化，应变能力更强，很适合项目攻关。项目管理与行政管理形成矩阵关系，即项目负责人从项目管理的角度保证项目目标的实现，职能管理从职能配合的角度为项目目标的实现创造条件。

（2）工程总承包事业部组织构架

2016 年，顺应市场趋势和政策指引，浙大设计院成立了工程总承包事业部，负责工程总承包项目的承揽和运营。工程总承包事业部从成立之初的 5

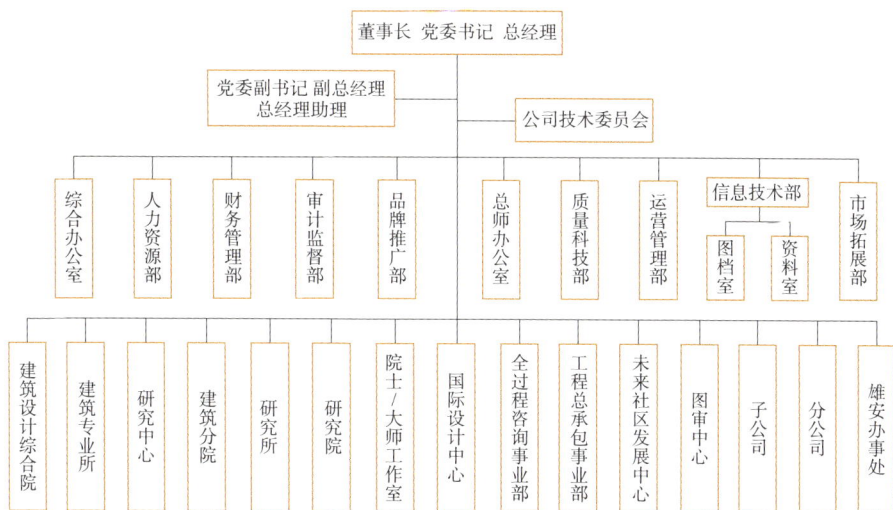

图 24　UAD 组织架构

人，发展至今拥有近 80 名涵盖注册建筑师、注册结构工程师、注册公用设备工程师、注册造价工程师、注册监理工程师、注册建造师等多元化人才的专业团队（表 6）。其中，高级职称占比超过 50%，本科及以上学历占比近 90%（图 25）。

工程总承包事业部部门注册人员一览表　　　表 6

注册项目	人数（人）	注册项目	人数（人）
一级注册建造师	25	二级注册建造师	1
注册监理师	24	一级注册消防工程师	1
二级注册建造师	12	注册土木工程师（岩土）	2
注册造价工程师	12	注册公用设备师（暖通）	1
注册咨询工程师（投资）	4	注册公用设备师（给水排水）	1
一级注册结构师	5	一级注册人防防护工程师（建筑）	1
二级注册结构师	3	建筑施工企业项目负责人安全生产考核合格证书（B证）	21
一级注册建筑师	2	建筑施工企业专职安全生产管理人员安全生产考核合格证书（C证）	1
注册电气工程师（供配电）	2		

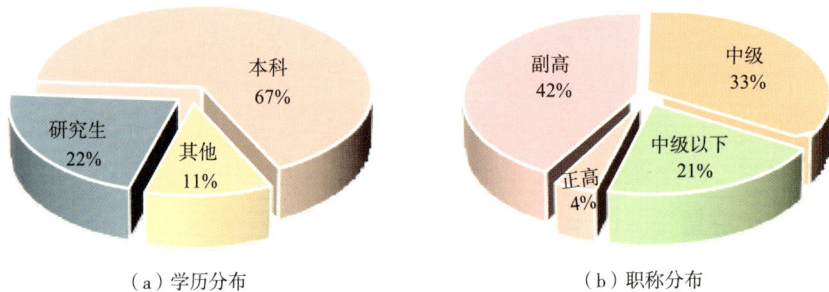

（a）学历分布　　　　　　　　　　　（b）职称分布

图 25　工程总承包事业部学历及职称情况

工程总承包事业部下设综合事务部、市场经营部、招标采购部、成本合约部、设计管理部、项目管理部、质安健环部、工程设计所、技术信息部（图 26）。

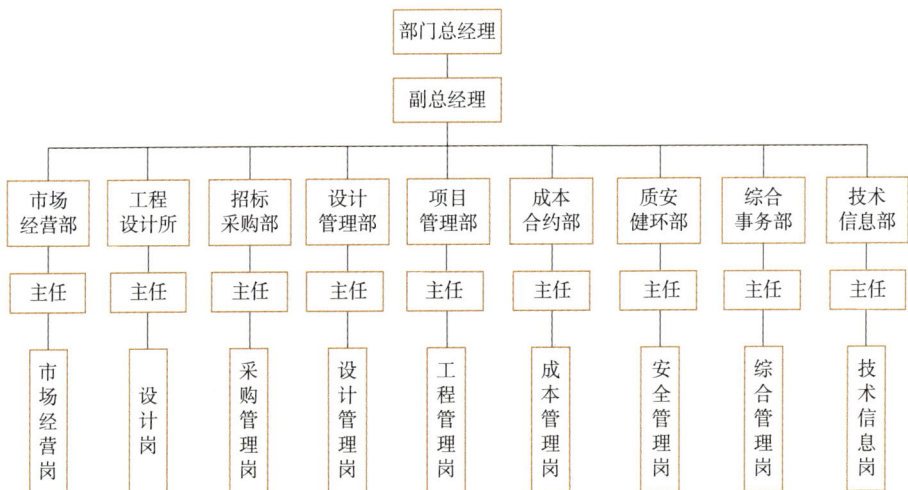

图 26　工程总承包事业部组织架构

工程总承包事业部设总经理 1 名，副总经理若干名，顾问若干名，由公司统一任命。工程总承包事业部下属部门分别设置主任 1 名，副主任及管理人员若干名。工程总承包事业部总经理、事业部副总经理、事业部顾问、各部门主任、项目经理等人员的职责范围划分明确（表 7）。

表 7

工程总承包事业部部分人员职责

事业部总经理职责	事业部副总经理职责	项目经理职责
（1）负责事业部经营、管理、财务、人事等重大问题的决策； （2）组织制定事业部发展战略、管理制度、生产计划、预算方案； （3）组织进行市场调查和市场研究，开展业务洽谈，拓展市场，确定事业部经营目标和方针； （4）组织工程总承包项目的策划、总结和重点事项的管理工作； （5）组织召开所务会议，及时总结工程总承包生产和管理等情况； （6）负责对工程总承包项目的关键事项进行审批，如投标及成本管理、合同文件、重大设计变更、投资控制及成本管理，以及采购计划等； （7）负责审批以事业部名义发出的各类文件、报表，处理各类涉外事宜； （8）组织制定和落实事业部门内部薪酬分配和绩效考核方案； （9）负责定期向院领导汇报工作，接受院分管领导的咨询和监督； （10）根据需要不定期组织各类现场巡视、检查	（1）协助制定与落实部门工作目标与计划、各项制度流程和工作流程； （2）协助总经理完成部门综合事务管理、市场经营、部门财务管理、设计管理、项目管理、成本管理、招标采购、质量安全健康管理等工作； （3）分管指定的项目管理工作； （4）协助部门财务预算编制； （5）协助组织部门相关人力资源规划、招聘和培训工作； （6）协助完成 ISO 体系管理工作； （7）协助制定和落实部门内部薪酬分配和绩效考核方案； （8）协助完成部门党务党建及工会工作； （9）配合公司完成纪检监察及审计工作； （10）组织完成上级领导交办的其他事务	（1）执行公司的管理制度，维护公司的合法权益； （2）组织实施项目管理，对实现合同约定的项目目标负责； （3）完成项目管理目标责任书规定的任务； （4）在授权范围内负责项目协调工作，解决项目实施中出现的问题； （5）对项目日常实施全过程进行策划、组织、协调和控制； （6）负责项目日常实施或不定期对项目计划执行情况进行检查； （7）参与项目设计方案、设计标准，设计成果及设计变更评审； （8）负责项目实施过程中的信息化建设工作； （9）负责组织项目的管理收尾和合同收尾工作； （10）及时组织汇报项目安全、质量、进度等生产完成情况

（二）浙大设计院 EPC 总承包项目实践

浙大设计院紧跟时代需求，积极转型工程总承包，于 2016 年被列入"浙江省工程总承包第二批试点企业名单"，积极探索 EPC 总承包项目的实施与管理。截至目前，共承接设计牵头的 EPC 总承包项目 56 个，涉及教育建筑、科研建筑、文化建筑、医疗卫生建筑、办公建筑、商业建筑、体育建筑、酒店建筑、居住建筑、市政、灯光、景观、装修以及小城镇改造等多种项目类型，项目合同总金额总计约 194.71 亿元（表 8）。承接施工牵头的 EPC 总承包项目共计 85 项，合同额约 350 亿元。

浙大设计院承接 EPC 总承包项目列表　　　　　　表 8

序号	项目名称
1	浙江大学青山湖能源研发基地工程项目总承包管理合同
2	浙江工程师学院临时过渡期用房维修改造及环境整治项目
3	阜博通中国（杭州）总部办公室室内设计与装修项目
4	绍兴市越城区西小路历史街区美化亮化工程
5	绍兴越城区镜湖梅山江景观亮化工程（一期）EPC 总承包
6	杭州紫金众创小镇 E1、E2 楼室内装修及室外景观改造项目
7	南湖区新丰镇镇区风貌提升改造工程（新丰镇小城镇环境综合整治项目）设计采购施工（EPC）总承包
8	浙江大学城市学院改扩建项目（浙江工程师学院、浙江大学工程师学院）（一期）设计采购施工（EPC）总承包
9	绍兴饭店改扩建提升工程 EPC 总承包项目
10	前进街道集镇区域亮灯美化工程设计采购施工（EPC）总承包
11	温州白鹿洲公园南线亮化工程设计采购施工（EPC）总承包
12	绍兴枫桥学院项目设计采购施工总承包（EPC）
13	上虞经济开发区浙江建设职业技术学院上虞校区项目
14	83 省道杜桥—白沙段（杜桥境内）公路两侧景观绿化改造工程（EPC）项目设计施工总承包
15	城区景观亮化改造提升工程
16	新昌县里江北历史文化街区建设项目设计—采购—施工（EPC）总承包

续表

序号	项目名称
17	温州肯恩大学学生学习与活动中心工程设计施工总承包
18	嵊州宾馆改扩建工程
19	龙游县"两江走廊"乡村振兴核心区小南海片区整治提升项目 EPC 总承包 II 标段
20	浙江农林大学省部共建亚热带森林培育国家重点实验室建设工程设计采购施工（EPC）总承包
21	蔡元培广场（纪念馆）EPC 总承包项目
22	浙江大学杭州国际科创中心启动区块（场景谷）改造项目 EPC 工程总承包
23	绍兴气象博物馆项目（筹）EPC 总承包项目
24	绍兴文理学院扩建工程——一期工程
25	绍兴饭店改扩建提升工程（二期）EPC 项目
26	阳明故里整体开发建设项目——阳明故居及纪念馆 EPC 总承包项目
27	大禹陵景区（公祭典礼）提升项目启动区（大禹纪念馆、大禹研究院、植物园、百鸟乐园）EPC 总承包项目
28	惠普广场 D 楼装修项目 EPC 设计采购施工总承包
29	嘉兴市中环南路亮化工程（嘉兴大桥至青龙桥亮化示范段）设计施工总承包
30	浙大旧址提升改造项目陈展布展工程
31	康园路（金昌路—北秀街）道路工程设计采购施工（EPC）总承包
32	浙东运河文化园（浙东运河博物馆）建设工程——建筑工程 EPC 总承包项目
33	浙江大学杭州国际科创中心项目一期 EPC 工程总承包
34	海盐县人民医院迁建工程（暂名）
35	青藤书屋周边综合保护项目 EPC 总承包项目
36	江阴南门商业街区亮化工程（EPC）
37	杭政储出〔2019〕37 号地块商业商务用房设计—采购—施工（EPC）总承包
38	浙江大学西溪校区逸夫科教馆改造工程 EPC 项目
39	浙江大学杭州科创中心启动区块（场景谷）改造工程二期 EPC 工程总承包项目
40	地理信息小镇运动中心建设项目（工程总承包）
41	湖州市长东商业开发管理有限公司草田漾单元 TH-10-02-03E 号地块商业开发建设项目工程总承包项目
42	浙江大学杭州国际科创中心配套用房（京奥名座）改造工程 EPC 工程总承包
43	浙江大学杭州国际科创中心配套住房及邻里中心项目 EPC 工程总承包

续表

序号	项目名称
44	祥符荡科创绿谷浙大研发中心及配套项目总承包（EPC）
45	象山县中心城区灯光照明改造提升项目工程总承包（EPC）（第一标段）
46	杭政工出〔2021〕44号新制造业项目设计—采购—施工（EPC）总承包项目
47	杭政工出〔2021〕45号新制造业项目设计—采购—施工（EPC）总承包项目
48	浙中文化创意中心项目工程总承包（EPC）
49	浙江农林大学学生宿舍扩建工程EPC总承包
50	浙江警官职业学院实训基地及学生宿舍EPC总承包
51	浙师大金华科创园设计施工一体化总承包
52	缙云县体育设施补短板工程及市民广场地下停车场工程（EPC）总承包
53	浙江大学紫金港校区学科交叉创新大楼项目
54	浙江大学紫金港校区重大前沿研究大楼项目
55	浙江大学紫金港校区理工创新研究大楼项目
56	浙江大学西溪校区西一楼加建电梯工程总承包项目

从2016年到2023年，浙大设计院工程总承包事业部飞速发展，几年时间实现了年营业额从2016年的4187.69万元到2023年的346795.21万元的巨大突破（图27），项目规模效益显著。

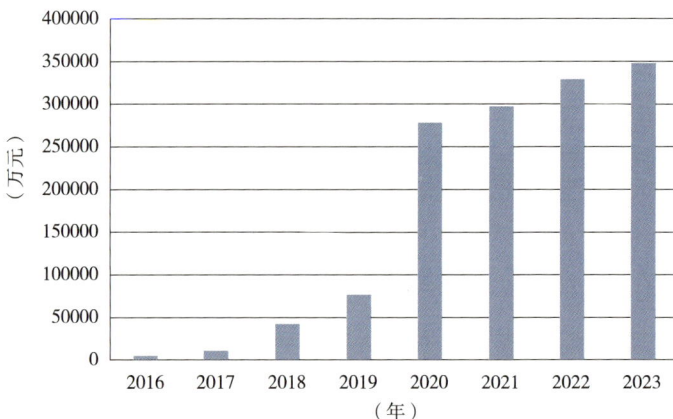

图27　2016—2023年工程总承包事业部营业额（单位：万元）

（三）绍兴 EPC 项目集群概况

1. 项目情况

绍兴市为浙江省地级市，是长江三角洲中心区城市，环杭州湾大湾区核心城市、杭州都市圈副中心城市，位于浙江省中北部、杭州湾南岸，东连宁波市，南临台州市和金华市，西接杭州市，北隔钱塘江与嘉兴市相望，总面积 8274.79km²。截至 2022 年末，绍兴市常住人口 535.3 万人，下辖 3 个区、1 个县，代管 2 个县级市。绍兴市已有 2500 多年建城史，是中国具有江南水乡特色的文化和生态旅游城市，是首批国家历史文化名城、联合国人居奖城市、东亚文化之都、中国优秀旅游城市、国家森林城市、中国民营经济最具活力城市、全国文明城市、国家卫生城市，也是著名的水乡、桥乡、酒乡、书法之乡、名士之乡。绍兴市素称"文物之邦、鱼米之乡"，著名的文化古迹有兰亭、禹陵、绍兴鲁迅故里、沈园、柯岩、蔡元培故居、周恩来祖居、秋瑾故居、马寅初故居、王羲之故居、贺知章故居等。

绍兴市越城区的绍兴饭店改扩建提升工程（二期）EPC 项目、绍兴气象博物馆项目（筹）EPC 总承包项目、蔡元培广场（纪念馆）EPC 总承包项目、青藤书屋周边综合保护项目 EPC 总承包项目、大禹陵景区（公祭典礼）提升项目启动区（大禹纪念馆、大禹研究院、植物园、百鸟乐园）EPC 总承包项目、阳明故里整体开发建设项目——阳明故居及纪念馆 EPC 总承包项目等，均为浙大设计院承接的 EPC 总承包项目。

根据绍兴项目的类型及功能内容，可将其归类为文化建筑。在建筑学意义上，文化建筑有三层内涵：具有文化传播意义的建筑，将建筑认为是一个提供文化活动和演出的场所，让人们从肢体语言上感受文化内涵；具有文化展示意义的建筑，将建筑认为是一个提供文化观赏的场所，让人们从身体感知去体悟文化；具有文化教育及娱乐的建筑，将建筑认为是一个提供文化体验的场所，让人们能够从空间处境和空间氛围中感知地方丰富的文化。

项目群是指经过协调统一管理，以便获取单独管理时无法取得的效益和控制的一组相互联系的项目。为了管理方便，绍兴饭店改扩建提升工程 EPC 总承包项目、绍兴气象博物馆项目（筹）EPC 总承包项目、蔡元培广场（纪念馆）EPC 总承包项目、青藤书屋周边综合保护项目 EPC 总承包项目、大禹陵景区（公祭典礼）提升项目启动区（大禹纪念馆、大禹研究院、植物园、百鸟乐园）EPC 总承包项目、阳明故里整体开发建设项目——阳明故居及纪念馆 EPC 总承包项目采取项目集群形式管理，统称为绍兴 EPC 项目集群（表9）。

绍兴 EPC 项目集群项目   表9

项目名称	建筑面积（m²）	工期（d）	工程类别
绍兴饭店改扩建提升工程 EPC 总承包项目	51915.71	545	房屋建筑工程
绍兴气象博物馆项目（筹）EPC 总承包项目	20574.1	360	房屋建筑工程
蔡元培广场（纪念馆）EPC 总承包项目	14043	500	房屋建筑工程
青藤书屋周边综合保护项目 EPC 总承包项目	12768.93	730	房屋建筑工程
大禹陵景区（公祭典礼）提升项目启动区（大禹纪念馆、大禹研究院、植物园、百鸟乐园）EPC 总承包项目	19849.1	668	房屋建筑工程
阳明故里整体开发建设项目——阳明故居及纪念馆 EPC 总承包项目	42000	450	房屋建筑工程
浙东运河文化园（浙东运河博物馆）建设工程——建筑工程 EPC 总承包项目	124066	730	房屋建筑工程

（1）绍兴饭店改扩建提升工程 EPC 总承包项目

绍兴饭店改扩建提升工程 EPC 总承包项目（图28），位于绍兴市越城区环山路 8 号，项目总建筑面积 51915.71m²，其中地上建筑面积 25348.26m²，地下建筑面积 26567.45m²，含府山隐、府山悦、府山鲁三个单体。建设内容主要有政务接待专区、高端客房区、时尚精品酒店、标准客房区以及餐饮休闲区。项目建设特点鲜明：第一，具有文化经典塑造特性。需要在保护修缮

（a）绍兴饭店全貌

（b）绍兴饭店张神殿建筑实景　　（c）绍兴饭店张神殿室内装修实景　（d）绍兴饭店张神殿室内复原实景

图 28　绍兴饭店

传统建筑与场景的同时，重塑绍兴山水文化，在山水文化中打造开放式中心
景观区。第二，定位高端。作为五星级酒店，装修特色鲜明，选材档次高，
非标准化定制材料多。第三，施工难度高。项目位于府山脚下，场地狭小，
基坑围护工程施工工艺复杂，不可抗力因素多。

（2）绍兴气象博物馆项目（筹）EPC 总承包项目

项目位于绍兴市新河弄以南，胜利路以北，小教场路以西，原市政府地块，总建筑面积 20574.1m²。项目对原绍兴市府 1 号楼、2 号楼进行削层改造（12 层削层降至 5 层），新建气象博物馆科普馆，对地块内部分原建筑进行立面拆除改造、室外景观、出入口及围墙改造，并对三馆进行综合布展。本项目延承绍兴传统古建的魅力，汲取现代风格元素，承古越风情，展越州山水，旨在打造一个古城内的当代"城市客厅"。

绍兴气象博物馆项目（筹）EPC 总承包项目（图 29）首次在绍兴市采用了削层改造的方法，既保留原有建筑的历史意义，对周边城市环境影响最小，更是创造了整个绍兴古城整体改造试点的先例。建筑风格紧扣江南水乡特征，体现出绍兴地区的传统建筑风貌，与周边新河弄及西小路历史街区充分协调，使用现代设计手法演绎经典古建，与周边文化体系互相呼应，赋予原有建筑基础上新的内涵和意义，以古城内的当代城市客厅形象，展现老区新风貌。

图 29 绍兴气象博物馆实景图

绍兴气象博物馆工程建设有利于加快文旅融合发展，为绍兴市民及青少年科普教育提供全新场所，满足人民群众日益增长的多方面精神文化需要，提升城市形象，让建筑融于市民生活，融于绍兴古城文化空间。但是项目在实施过程中存在以下特点与难点：

第一，削层改造施工难度大。气象馆（南馆、北馆）建筑高度 48m，钢筋混凝土结构，总层数 12 层。该项目使用功能后调整为博物馆，需降层到 5层。为了确保原有结构构件满足今后使用的要求，经专家论证后，削层拆除和整体拆除采用液压钳破碎拆除、室内结构拆除采用水锯机械切割方式进行拆除；为了保证一层展厅大跨空间的使用效率，制定先局部卸载的拆除原则；对于项目改造涉及的楼板拆除，采用适宜的保护与加固措施。图 30 为绍兴气象博物馆鸟瞰图。

图 30　绍兴气象博物馆鸟瞰图

第二，外立面改造要求高。通过将平顶改成坡屋面，增添白墙青瓦等传统建筑元素，使气象馆、清廉馆、科普馆、名人馆形成统一的文化元素融于周边环境，材质选用金属屋面、芝麻灰干挂石材，结合金属格栅、玻璃幕墙，运用现代构造技术演绎传统空间。图 31 为绍兴气象博物馆内广场实景图。

图 31　绍兴气象博物馆内广场实景图

第三，展陈布展特点。绍兴气象博物馆立足绍兴深厚文化底蕴，为了打造气象科技的展示平台、气象科学体验课堂和气象行业德育基地，布展上需要在多视角表现、分版块展示和属地文化凸显等方面着力。基于上述特点，绍兴气象博物馆展陈布展在落地过程中，通过拜访竺可桢家属征求其意见，收集各类气象历史展品和图片资料，设计成果经多轮专家评审等方式，才最终确认展陈设计框架，并在施工中多次优化展线，做到精益设计、品质施工。图 32 为绍兴气象博物馆展陈实景图。

第四，施工工期紧。根据合同要求，绍兴气象博物馆总工期为 360 日历天。在紧张的工期要求下，如何合理安排施工进度计划，统筹各专业班组施工流水，加快前期拆除安装工作，切实落实好展陈装修施工要求，是项目面临的主要难点之一。

图 32　绍兴气象博物馆展陈实景图

（3）蔡元培广场（纪念馆）EPC 总承包项目

蔡元培广场（纪念馆）EPC 总承包项目位于绍兴市越城区原第五医院地块，是绍兴市古城保护和利用的重点示范工程。整个项目由孑民图书馆（孑民研究中心）、孑民电影院和蔡元培广场三部分组成，总建筑面积 $14043m^2$。项目以清水混凝土为基调，以深红色 UHPC 幕墙为点缀。孑民图书馆入口用传统建筑中的照壁形式来展现，建筑主体以公共阅读、展厅和游客服务中心为主要内容，与毗邻的蔡元培故居产生"新"与"旧"的对话，成为研究、学习和弘扬蔡元培先生思想的重要文化场所。孑民电影院改造提升后将融入小型话剧、音乐剧场等功能。蔡元培广场包括雕塑、景墙、浅水池等一系列工程（图 33、图 34）。

项目外立面采用 UHPC 超高性能混凝土幕墙。UHPC 是一种具有超强力学性能、高韧性、超高耐久性和优良浇筑及成型性能的水泥基混凝土材料，

59

（a）游客中心主入口

（b）蔡元培广场建筑和景观实景图

图 33　蔡元培广场实景图

图 34 蔡元培广场水景与假山

具有可塑性强、强度高、韧性强、耐久性强的特性。本项目以朴素、极简的
UHPC 超高性能混凝土幕墙作为背景，悬浮起二层的展览空间（图 35）。

（4）青藤书屋周边综合保护项目 EPC 总承包项目

青藤书屋周边综合保护项目 EPC 总承包项目位于绍兴市越城区国家级
重点文物青藤书屋周边，总建筑面积 19849.1m²。建设内容包括徐渭艺术
馆（书画展览馆）、绍兴师爷馆（师爷文化展览馆）、青藤书院（黄酒展览
馆）、县府宿舍（特色民宿）、榴花斋（高档中餐厅）、张家台门（古城会
客厅）。

项目位于市中心老街区，共六个单体，且分散布置。场地周边为老居民
区，且项目与青藤书屋周边环境整治及提升工程、前后观巷历史提档升级项
目同步启动实施，场地小、工种多、界面杂（图 36）。大型工程车白天无法进
入市区，几十个班组、上百种材料的运输车需要在夜间通过狭小的前、后观

图 35 蔡元培广场水景与建筑立面实景图

（a）青藤书屋周边综合保护项目 EPC 总承包
项目建设前形象

（b）青藤书屋周边综合保护项目 EPC 总承包
项目建设后形象

图 36 青藤书屋周边综合保护项目 EPC 总承包项目

巷运入工地，项目的交通组织和施工组织复杂。项目涉及大量管线迁改工作，改迁时要保障周边居民生活不受影响，确保周边用户不断电、不断水、不断气、不断网；涉及专业多，现场交叉作业多；非标准化定制材料多，成本管理压力大。

（5）阳明故里整体开发建设项目——阳明故居及纪念馆 EPC 总承包项目

阳明故里整体开发建设项目——阳明故居及纪念馆 EPC 总承包项目位于绍兴古城的西北上大路以南，西小河以东，王衙弄以西，吕府以北。八大历史街区之一的西小河历史街区，是全国唯一经考古发掘确认的阳明先生宅邸遗址。项目总用地面积 18636.57m²；总建筑面积 12768.93m²，其中地上建筑面积 6744.19m²，地下建筑面积 6024.74m²。

阳明故居遗址大部分采用回填保护措施，部分遗迹上方建设遗址保护展示设施，采用玻璃保护罩模拟展示部分遗迹。为了保护并展示故居已发掘的遗迹，基础部分采用防渗墙体系，避免地下室水对遗址的影响，地面铺装根据考古发掘的金砖和阶沿石尺寸，进行标识性复原展示。

明代风格伯府第是结构标识性复原展示的主要部分，故居建筑平面与遗址对应，采用传统木结构。根据对原木材的检测，伯府第明代木构遗存——柱、梁为楠木木质。由于楠木当前已无货源，研究决定采用红花梨木。红花梨木木材直径约 1.2m，至善堂柱高有 10.4m。木构架与屋面形式参照绍兴当地、王阳明同时期建筑。

下沉式的阳明纪念馆采用新型建筑材料及工艺做法，外形为圆形两层楼建筑（图 37），内设阳明文化数字文献厅、陈列厅、影厅、心源厅和文创体验休闲区等，主要展现阳明心学的发展历程。

（6）大禹陵景区（公祭典礼）提升项目启动区（大禹纪念馆、大禹研究院、植物园、百鸟乐园）EPC 总承包项目

大禹陵景区（公祭典礼）提升项目启动区（大禹纪念馆、大禹研究院、植物园、百鸟乐园）EPC 总承包项目（图 38）位于绍兴市越城区大禹陵景区内，主要包括大禹纪念馆、大禹研究院，建筑面积 42000m²（其中大禹纪念馆建筑面积 27913m²、大禹研究院建筑面积 13585m²）。

大禹纪念馆的建筑外形为四方鼎样式（图 39），宛如从水底生长出一般浑然一体，象征大禹精神。建筑主体内部采用 8 个向外倾斜的混凝土核心筒

图 37　阳明故居及纪念馆鸟瞰图

图 38　大禹陵景区（公祭典礼）提升项目启动区（大禹纪念馆、大禹研究院、植物园、百鸟乐园）
EPC 总承包项目整体规划效果图

图 39　大禹纪念馆建成后实景图

作为结构的竖向承重构件，二层主框架采用钢结构，在建筑的四个角部形成
18m 跨度的外挑。地下一层中庭为圆弧形穹顶结构，竖向延伸至屋顶，整体
空间高度为 25.3m，四周设有 4 个展陈区域，对大禹的生平功绩进行详细的
展示。

　　大禹研究院主要满足对内学术研究探讨以及对外研、学、游功能需求。
整体建筑为新中式建筑样式，主要包括学术研讨区、住宿办公餐饮区、会议
功能区三大区域。

　　**（7）浙东运河文化园（浙东运河博物馆）建设工程——建筑工程 EPC 总
承包项目**

　　浙东运河文化园（浙东运河博物馆）建设工程——建筑工程 EPC 总承包
项目（图 40）位于绍兴市柯桥区、越城区交界处，紧邻浙东运河。项目总建

（a）浙东运河文化园实拍全貌图

（b）文博区博物馆（主馆）实景

（c）文创区及连廊实景

图 40 浙东运河文化园（浙东运河博物馆）建设工程——建筑工程 EPC 总承包项目

筑面积 124066m²，其中地上建筑面积 71286m²，地下建筑面积 52780m²。主要建筑物为博物馆（主馆）、水族馆（副馆）、文创区（1—7 号）（含连廊）、社区文化中心、垂钓中心、文旅用房。

项目整体规划以"水波为笔、帆船为墨、水墨丹青、千年画卷"的立意为核心，从形态上营造"烟雨江南，千帆竞过"的古运河艺术形象。浙东运河文化园自西向东分为文博、文创、文旅三大功能区域，通过一条飘逸灵动的公共轴线整合。建筑群采用中而新的设计手法，起伏的屋顶错落有致，对建筑体量进行消解的同时，营造出大运河的动势，抽象地诠释江南运河文化。

项目外立面采用 GRC 玻璃纤维增强混凝土，GRC 是一种以耐碱玻璃纤维为增强材料、以水泥砂浆为基体材料的纤维混凝土复合材料，具有轻质、高强度、防火、防水和良好的可塑性等特点。运用现代的建筑材料营造中国江南传统文化特色，在空间的错动和流动之间，营造出宁静高雅的文化氛围和富有中国韵味的空间格局。

项目管理的难点主要集中在以下三个方面：第一，项目地域覆盖广泛，涉及柯桥区、越城区交界处等多个区域，跨区域合作协调难度大；第二，项目参与方多，施工界面不清晰，海量数据处理与协同要求高，因此管理难度较大；第三，项目工期紧、相关方众多、工作环境复杂，导致进度控制难度大。

2. 项目难点

绍兴 EPC 项目集群是古城保护、文化传承、改善民生的重点建筑，是绍兴城市的文化特征传播与辐射的有效载体，更是彰显绍兴城市文化底蕴的文化工程和民心工程。该项目集群的项目数量多、结构类型多、规模大、面积大，具有名人多、文物保护设限、周边环境复杂等特点，绍兴 EPC 项目集群相较于常规项目具有以下难点：

（1）品质控制要求高。绍兴 EPC 项目集群属于地方标志性文化建筑。一方面，绍兴 EPC 项目集群为新建项目与改造项目的组合，受文物保护建筑相关要求的限制；另一方面，作为地方标志性建筑，项目的受众广，政府部门对该项目集群的关注度高、参与度深，对绍兴 EPC 项目集群的品质控制要求高。

（2）需求变化多。绍兴 EPC 项目集群具有建筑外观造型新颖且具艺术性，无标准层且多为大空间和大跨度等建造特点，功能需求变化多，项目的非标准化材料与定制材料多。如大禹纪念馆，为使穹顶的设计与大禹铸青铜九鼎的历史故事相契合，穹顶采用铜砖，由 99 层合计 9016 块铜砖、36 套铜墙灯组成，曲面曲率逐渐变化，整个工程包含数种异形单元。

（3）**施工难度大**。绍兴 EPC 项目集群存在改造、修缮、扩建、新建等多种情况，根据文物保护有关规定，建造前需要进行项目文物保护行政审批、对原址进行文物勘探等，面临施工场地狭小、周边环境复杂、居民干扰多等特点。在项目实施过程中要既有利于文物保护，又有利于项目建设，对建筑的设计和施工提出更高的要求。此外，由于项目的艺术造型等要求，项目施工工艺与技术要求高，如大禹纪念馆外立面幕墙，由于立面是向外的倾斜面，转角处位置要求整石转角须加工处理，致使材料的加工工艺显得极为复杂，对于现场安装的精度提出了极高的要求。

（4）**工期紧张**。该项目集群的项目均希望相关文化周年等活动能在项目中举行，如大禹的祭祀、蔡元培诞辰 155 周年、徐渭诞辰 500 周年、王阳明诞辰 550 周年等，要求上述项目须在 1—2 年内完成，项目工期都非常紧张。

3. 项目风险

EPC 项目集群管理涉及项目全过程建设流程的风险识别与控制，根据绍兴 EPC 项目集群中总结的品质要求高、需求变化多、施工难度大、工期紧张四大难点，结合项目管理实践，识别共计 25 个文化类 EPC 项目集群管理典型风险因素，见表 10。

文化类 EPC 项目集群管理典型风险因素　　　　　　　表 10

风险类型	风险编号	风险名称	典型风险因素描述
系统风险	C1	需求变化多	项目决策过程中由于定位不清、需求不明导致的风险；项目实施过程中业主提出需求变更的风险

续表

风险类型	风险编号	风险名称	典型风险因素描述
系统风险	C2	前置审批风险	土地取得过程或项目前期审批滞后导致的风险
	C3	高标准风险	文化类项目公众关注度高、传承要求高、造型复杂等本身具有的高标准风险
	C4	合同风险	合同文本错误、权责不明晰、合同条款苛刻；或合同内容与范围实质发生改变导致的风险
	C5	政策风险	国家政策变化、上级企业行政主管部门提出的政策性变更等导致的风险
	C6	文化文物风险	对原有文化、文物的认知、保护、传承等方面的风险
	C7	公众参与风险	项目开发对公众利益造成损害或公众无法充分认知项目意义等导致的民扰或反对风险
	C8	不可抗力风险	地震、恶劣天气、战争等无法预测的风险
组织管理风险	C9	组织架构风险	组织架构不完善，管理人员权责不明确；组织管理边界不严谨，存在遗漏内容
	C10	制度风险	制度建设、考核规定不符合项目目标要求；质安健环等管理制度落实不到位
	C11	能力风险	项目管理团队与项目建设要求匹配度差异；管理人员专业能力和管理能力不足以承担相应职责
	C12	信息沟通风险	信息不对称、资料丢失、损坏、遗漏、失密或者传达不到位等管理失误；项目部内部人员之间、项目部与公司内部之间、项目部与政务窗口之间、各参建单位之间的沟通不顺畅等
	C13	利益相关者合作风险	项目各方参与者利益诉求不一致或参与者之间协调统筹困难风险
技术风险	C14	设计类风险	未充分理解初步设计方案；设计缺漏错误，或设计深度不足，或设计图无法施工，或设计图实施成本过高；设计各专业之间未配合好；设计规范、设计标准或验收规范更新
	C15	施工类风险	施工未充分理解设计意图；放线定位引用标准错误；图纸会审/设计变更交底不及时；施工未执行；施工技术方案或操作失误
	C16	材料设备风险	材料/设备独特、定制、稀缺参数标准不明确，档次差距大；参数过细导致供应商唯一等

续表

风险类型	风险编号	风险名称	典型风险因素描述
市场风险	C17	原材料价格风险	原材料价格过高或突然上涨
	C18	原材料供应风险	原材料市场供应不足或材料异形，定制加工周期长，采购困难；采用国外进口材料，运输及报关等对材料供应的影响
	C19	招采竞争不充分风险	供应渠道单一、品牌被提前报备垄断等导致竞争不充分风险
	C20	劳动力短缺风险	由于不可控等原因导致劳动力短缺、技工价格虚高等风险；因对技术工人素质要求高，市场上供应稀缺
实施风险	C21	质量风险	原材料质量、施工质量、工艺措施等导致项目质量达不到验收规范标准要求或合同约定的质量目标
	C22	安全风险	安全措施、安全投入、安全意识不足导致的安全事故造成人员伤亡或经济损失
	C23	工期风险	项目实际进度未能达到计划进度节点，合同工期拖延
	C24	成本风险	项目实际成本超出预算，造成项目亏损；项目实际成本过低，造成项目建设标准达不到合同要求
	C25	扰民风险	项目发生较大的环境污染事件或噪声扰民事件

风险识别与分类完成后，采用德尔菲法评估确认各影响因素之间的直接影响关系（表 11），并基于 DEMATEL 法（决策实验室分析法）对已识别的风险因素进行风险评估，将各影响因素对最终项目管理目标的直接和间接影响叠加，衡量上述若干个文化类 EPC 项目集群管理典型风险因素的相互作用机制及综合影响程度，从而为化解风险、减少损失、制定合理的风险防范措施奠定基础。

经分析，综合影响排名最靠前的风险因素分别是：C9 组织架构风险、C10 制度风险、C1 需求不明风险、C3 高标准风险、C24 成本风险、C14 设计类风险。以上六项风险因素在动态风险网络中处于核心位置，在 EPC 项目集群风险管理工作中应重点管控，详见表 12。

表 11

专家评分表（风险因素直接影响程度矩阵）

Ci\Cj	C1	C2	C3	C4	C5	C6	C7	C8	C9	C10	C11	C12	C13	C14	C15	C16	C17	C18	C19	C20	C21	C22	C23	C24	C25
C1	/	1	0	3	0	0	0	0	0	1	0	0	2	5	1	3	0	0	0	0	1	0	0	0	0
C2	0	/	0	0	2	0	0	0	0	0	0	0	0	2	1	0	3	0	0	0	0	0	5	0	0
C3	2	0	/	0	0	0	0	3	0	0	0	0	0	5	4	4	3	3	0	3	4	0	3	3	0
C4	0	1	0	/	0	0	0	0	1	2	0	0	4	1	0	1	0	1	0	0	1	0	3	3	0
C5	0	3	0	0	/	0	0	0	0	0	0	0	1	4	3	1	1	1	0	1	0	1	3	4	0
C6	0	0	0	0	0	/	5	0	0	0	0	0	0	5	5	0	0	0	0	0	0	1	5	3	1
C7	1	2	4	0	0	0	/	0	0	0	0	0	2	0	0	0	0	0	0	0	0	0	3	2	0
C8	0	2	0	0	0	0	0	/	0	0	0	0	0	0	0	0	3	4	0	2	0	5	5	2	0
C9	0	0	0	0	0	0	0	0	/	1	1	5	2	0	0	0	0	0	0	0	1	0	2	1	0
C10	0	0	0	0	0	0	0	0	/	/	3	1	1	1	1	0	0	0	1	0	5	5	5	4	0
C11	1	1	0	3	0	0	0	/	0	/	/	3	2	2	2	1	0	0	0	0	2	2	2	3	2
C12	0	0	0	0	0	0	0	0	0	0	0	/	1	2	2	0	0	0	0	0	1	1	0	0	0
C13	0	1	0	1	0	0	0	0	0	0	0	2	/	1	1	2	0	0	0	1	0	0	2	0	0
C14	0	0	0	0	0	0	0	0	0	0	0	/	/	/	2	3	0	1	0	4	5	0	5	0	5
C15	0	2	0	1	0	0	0	0	0	0	0	0	0	0	/	1	5	5	4	0	5	5	5	5	5
C16	0	0	0	0	0	0	0	0	0	0	0	0	0	0	2	/	0	2	0	0	4	0	2	3	0
C17	0	0	0	0	0	0	0	0	0	0	0	0	0	0	0	0	/	/	0	0	0	0	1	5	0
C18	0	0	0	0	0	0	0	0	0	0	0	0	0	0	0	0	5	/	5	0	2	0	5	5	0
C19	0	0	0	0	0	0	0	0	0	0	0	0	2	0	2	0	5	3	/	0	2	0	0	5	0
C20	0	0	0	0	0	0	0	0	0	0	0	0	0	0	0	0	0	0	0	/	3	2	5	2	0
C21	0	0	0	0	0	0	0	0	0	0	0	0	0	0	0	0	0	3	0	/	/	0	2	2	0
C22	0	0	0	0	0	0	0	0	0	0	0	0	0	0	0	0	0	0	0	/	0	/	2	2	0
C23	0	0	0	0	0	0	0	0	0	0	0	0	0	0	0	0	4	0	0	0	0	0	/	3	0
C24	0	0	0	0	0	0	0	0	0	0	0	0	0	0	0	0	0	0	0	0	2	1	1	/	0
C25	0	0	0	0	0	0	2	2	0	0	0	0	0	0	0	0	0	0	0	0	0	0	0	0	/

注：请评估 Ci 风险对 Cj 风险的直接影响程度并打分，分值为 0—5 的整数。分值越大，代表 Ci 因素越有可能导致 Cj 因素的发生。

风险因素综合影响程度权重排序 表 12

序号	风险编号	风险名称	综合影响权重
1	C9	组织架构风险	0.082
2	C10	制度风险	0.077
3	C1	需求变化风险	0.072
4	C3	高标准风险	0.056
5	C24	成本风险	0.054
6	C14	设计类风险	0.051
7	C15	施工类风险	0.050
8	C22	安全风险	0.044
9	C21	质量风险	0.043
10	C23	工期风险	0.043
11	C12	信息沟通风险	0.042
12	C4	合同风险	0.042
13	C18	原材料供应风险	0.039
14	C11	能力风险	0.036
15	C8	不可抗力风险	0.036
16	C2	前置审批风险	0.036
17	C17	原材料价格风险	0.034
18	C16	材料设备风险	0.031
19	C13	利益相关者合作风险	0.028
20	C6	文化文物风险	0.028
21	C5	政策风险	0.027
22	C19	招采竞争不充分风险	0.018
23	C7	公众参与风险	0.011
24	C20	劳动力短缺风险	0.010
25	C25	扰民风险	0.002

四、
绍兴 EPC 项目集群管理组织创新与实践

从"人"的主体行动角度分析，EPC 项目集群管理正是在追求业主、设计、施工等多方主体之间的平衡和深度融合。组织创新是绍兴 EPC 项目集群管理的特色之一。

（一）组建 A—PMO

1. PMO 概念

PMO 为 Project Management Office 的缩写简称，中文翻译为项目管理办公室，也称为项目管理部、项目办公室或项目管理中心。《项目管理知识体系指南》中对 PMO 的定义为"PMO 是一个组织单元，负责对管辖领域内的项目进行集中协调。PMO 的职责涵盖从提供项目管理支持到直接为项目结果负责。PMO 的具体形式、职能和结构取决于其所在组织的需要。"

实践中，PMO 与项目经理在目标、控制资源与管理对象上都有着明显不同。PMO 管理的主要内容包括：项目集范围变更并促成商业目标实现；优化利用所有项目共享的组织资源；站在企业高度对方法论、标准、整体风险 / 机会、测量指标和项目间的依赖关系进行管理。PMO 更合适项目集管理。

2. A—PMO 架构

为提升绍兴 EPC 项目集群的组织管理水平，确保组织目标的实现，根据绍兴 EPC 项目集群设计牵头的特点和文化建筑建设的特色，建立 A—PMO（Architecture Aided Project Management Office，设计牵头的项目管理办公室）。图 41 为 A—PMO 运行结构。

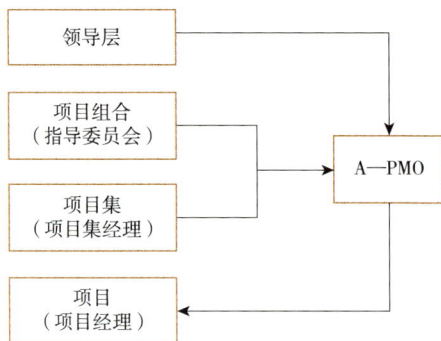

图 41　A—PMO 运行结构

（1）岗位与职责

根据绍兴 EPC 项目集群的特点和要求，A—PMO 的定位类型为控制型，采用强矩阵组织结构，为项目集的管理机构，具有向总经理汇报的权限。工作内容主要包括项目经理任命、资源协调、项目检查和数据分析、项目经理培训等。绍兴 EPC 项目集群 A—PMO 的组织结构如图 42 所示。

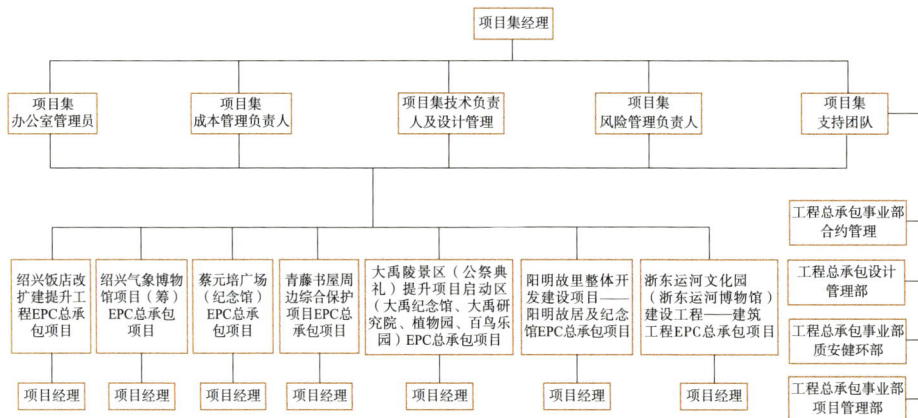

图 42　绍兴 EPC 项目集群 A—PMO 组织结构图

A—PMO 组织结构中主要角色的岗位职责如下：

1）**项目集经理**：负责项目集的整体规划、协调和执行，负责与各项目经理进行沟通协调，确保项目在规定时间、范围和预算内完成，以服务和帮助项目集解决问题为导向，对重难点问题允许项目团队采用自组织式的敏捷管理方法，循序渐进地建立文化类建筑 EPC 项目集群管理制度、流程等。

2）**项目经理**：负责指导和管理项目，包括项目目标的设定、范围的管理、资源的调配、风险的管控，并制定《项目策划书》。该策划书是项目执行的纲领性文件，主要内容包括：项目战略定位，成本分析，质量、安全、成本、管理及设计费收回等指标，项目部组织形式及资源配备风险防控、廉政措施，同时制定《项目实施计划书》《项目经理月度报告》和每月《项目全过程动态管理表》等文件，并按时上报项目集办公室管理员。

3）**项目集技术负责人及设计管理**：帮助各项目部处理施工现场技术问题，并分解设计工作和设计进度结构表；会同项目部编制工程进度计划；主持相关的设计会议并进行技术交底工作，同时根据项目情况编制科技工作计划，并进行深化设计、新工艺新材料推广、科技研发课题的立项与结题、科技成果管理（工法、专利、技术标准编制）等。

4）**项目集风险管理负责人**：负责项目集的风险管理，包括风险识别、分析、预防和应对措施的制定等。如企业和法务风险：制定风险管理策略；收集国内外公司战略、财务、市场合作企业的运营、风险失控案例的法律及合约风险；合作单位的资信调查、编制《建设工程 EPC 施工项目季度风险评估报告》，以及结合 EPC 项目风险分级管理办法建立《风险化解登记册》。

5）**项目集成本管理负责人**：主要进行预算编制、成本控制、成本分析报告、成本风险管理、成本效益评估、成本沟通和协调等工作，并有效控制项目集各项目的成本，实现项目集成本目标和利益最大化。具体职责如下：①目标成本管理：目标成本测算、项目目标责任书签订、风险抵押管理、项目绩效考核兑现；②成本管理：业主计量与进度款回收、企业内部产值报量、项目经济活动检查和运营分析；③商务策划管理：商务制度体系建设、商务策划编制、商务策划实施与动态调整、商务策划考核兑现、工程造价资料管理、变更及签证索赔管理、反索赔管理；④结算管理：结算策划书编制、结算书编制、结算报送及推进、商务结算小结、结算考核兑现等。

6）**项目集支持团队**：为项目集提供管理支持，包括项目数据分析、报告编制、质量安全管理、审计法务、合约等。如质安健环部：每季度进行质量检查，形成不合格情况汇总表，并对整改措施进行跟踪验证；质量投诉与事故处理；每月及每季度编制《环境管理工作计划》等。

7）**项目集办公室管理员**：负责项目集办公室的日常事务管理，包括会议安排、文档管理、沟通协调、组织培训活动、管理满意度调查、跟踪和报告项目进展等工作。

（2）A—PMO 执行文化

建立 A—PMO 执行文化，是保障决策层次明晰、沟通渠道通畅的重要事项，有助于提高 A—PMO 组织结构的适应性和可行性。通过宣贯浙大设计院的企业文化，为员工实现价值创造机会，为业主投资创造价值，为行业繁荣发展创建秩序，为社会和谐进步贡献力量，并以顺势而为、大道行简的管理理念和精益求精、崇尚完美的理念服务业主和工程。同时，结合绍兴 EPC 项目集群具有的质量要求高、专业接口多、工期紧、施工条件难、方案设计难、定制材料杂、举办大型活动多等特点，创建绍兴 EPC 项目集群的执行文化：凡有指令必须执行，凡有交代必有回应；用行动影响他人，用业绩证明自己。

3. A—PMO 各阶段的重点工作内容

（1）启动阶段

启动阶段是指 EPC 总承包项目已经中标，投标团队向管理团队移交项目的招标投标文档、信息及注意事项的阶段，项目经理组建团队并召开项目开工会议，即项目启动。启动阶段的重点工作有：

1）项目优先级确定。在 EPC 总承包项目启动阶段，A—PMO 将为绍兴 EPC 项目集群中的每个项目制定标准的、统一的优先级评估，参与评估的人员包括工程总承包事业部总经理、工程总承包事业部副总经理、项目管理部、设计管理部等，确定项目优先级后通知项目的利益相关方。一般来说，项目的优先级越高，则对应的项目经理的综合能力也越高。从项目的业务价值、利益相关者的期望、有效利用有限资源和时间等方面，综合考虑确定项目优先级。项目及项目经理的优先级别按照 A—E 等级进行划分：A 表示极其重要，B 表示很重要，C 表示相当重要，D 表示较重要，E 表示不重要。表 13 为绍兴 EPC 项目集群的优先级排列。

绍兴 EPC 项目集群的优先级排列 表 13

序号	项目名称	项目优先级	项目经理优先级
1	大禹陵景区（公祭典礼）提升项目启动区（大禹纪念馆、大禹研究院、植物园、百鸟乐园）EPC 总承包项目	A	A
2	青藤书屋周边综合保护项目 EPC 总承包项目	B	B
3	阳明故里整体开发建设项目——阳明故居及纪念馆 EPC 总承包项目	C	C
4	蔡元培广场（纪念馆）EPC 总承包项目	C	C
5	绍兴饭店改扩建提升工程 EPC 总承包项目	D	D
6	绍兴气象博物馆项目（筹）EPC 总承包项目	D	D
7	浙东运河文化园（浙东运河博物馆）建设工程——建筑工程 EPC 总承包项目	D	D

2）项目启动工作审核。包括对委派项目经理的匹配度进行判断，结合项目经理以往业绩及其以往实施过的项目的相关方进行访谈综合判断，找到与此项目优先级相匹配的人选；项目的策划方案或章程是否按实完成，其内容的准确性、完整性是否经领导小组进行评审，并经批准发布；对项目的商业性和效益管理计划进行论证，特别是造价控制；项目管理计划评审；项目的成功与退出标准予以明确；学习合同并制定会议标准；项目经理的授权及安全责任书的签订。

（2）执行阶段

在绍兴 EPC 项目集群的执行阶段，主要工作为：

1）**项目绩效的审查**。为了提高组织的整体绩效，需要及时了解项目绩效情况，及时治理、复盘、改进。对绍兴 EPC 项目集群中的各项目绩效，按照月、季度、半年度、年度进行审查，发现问题及时帮助改进，做好项目过程管理工作。对 6 个 EPC 项目的问题关注点和优先级举行审查会议，并形成统一的意见和共识；根据审查结果，邀请相关专家对项目进行现场走访，做到发现问题、改进问题。根据上述审查结果，形成月度、季度、半年度、年度的绩效报告并与年度 KPI（Key Performance Indicator，关键性绩效指标）结合，形成最终报告。

A—PMO 需要对绍兴 EPC 文化项目集群中各项目的实施阶段进行跟踪、监督、协调并帮助员工提高绩效。A—PMO 对各项目的监督协调周期，按照月度、季度、半年度、年度进行，项目绩效报告如表 14 所示。

绍兴 EPC 项目集群项目绩效报告框架　　　　　表 14

序号	指标		内容
1	整体绩效	项目范围	确认项目范围说明书、WBS 工作分解结构、WBS 词典是否有变化，范围是否有蔓延
		进度绩效	计划进度与实际进度进行比较，提出改进措施并预测完工时期
		成本效益	项目成本是否控制在预算范围内；有效利用资源，降低能耗和人力投入的措施；通过优化创造的利润；材料及人工的用量与定额量进行对比；配备的预算商务人员是否驻场办公；无价材料的签证及变更单是否同步等
		质量绩效	按照工程总承包事业部编制的《质量、安全文明施工检查管理制度》进行评估
		利益相关方的满意度	建设单位的满意度、联合施工单位的满意度、设计人员的满意度等
		团队的协作和技能发展	提升团队的沟通协作能力的措施；定期参办的团建及党建活动；组织过程资产的建立情况

续表

序号	指标		内容
2	其他绩效	人力资源	OKR（目标与关键成果法）的完成率
		沟通管理	沟通计划书、项目沟通记录、项目文件更新等
		回款情况	设计费及管理费的收取
		资料管理	合规性、准确性、培训计划完成率
3	重大偏差	偏差原因的分析	偏差说明、偏差原因、纠正措施、预测说明
4	变更事宜	合同内外的变更	合同内变更、合同外变更；形成项目变更登记册
5	风险事宜	已知风险和未知风险	风险计划编制及更新、风险登记册建立、风险报告、项目文件的更新；EPC 事业部审计及法务意见
6	收益预测	分析项目收益	投资回报率、净现值、投资收益率等指标分析

2）文档资料的审查。按照工程总承包事业部规定的统一文档管理要求，建立各项目部的具体文档目录。在项目实施过程中，为高效完成资料审查工作，建立《项目风险登记册》《安全检查记录及安全闭合单》《变更登记册》《OKR 考核表》《项目问题登记册》等。上述文档能够详细记录实施的细节，通过审查后可以准确地找到项目存在的问题。A—PMO 首先要检查各项目部是否建立上述 5 本台账，项目发生变化后对 5 本台账是否进行了及时更新。根据详细审查记录的内容判断项目存在的问题并及时帮助团队改进，提升团队的组织能力。

《安全检查记录及安全闭合单》，如记录的内容很少、发现的问题没有第一时间解决或者重复几天前的记录内容，说明项目团队对安全检查是不重视的，对安全的管理处于失控状态，项目团队应当及时改正，对潜在的可知的安全源进行罗列，并有计划、有步骤地应对和规避这些安全事故的发生。

《项目风险登记册》中如果记录内容少或者本月无风险登记内容、变更后没有及时更新风险登记册的，则说明团队的工作是滞后的，属于事后管理或者团队发现风险的能力不够，团队中人员配备是否需要更换和补充。

《项目问题登记册》中对登记册的问题要进行优先级排序，检查时对排在前列的问题要高度重视，确认是否已经解决，是否还有隐患，问题是否过多，能否在计划规定的时间内解决，即对时效性进行评估。如问题很长时间停留在账单上，则 A—PMO 务必帮助团队解决问题，防止蔓延。

《OKR 考核表》中，如团队对目标及结果的记录找不到重点、上下的考核内容有偏差、自定的目标完成率非常低、自定的目标没有挑战性等，则 A—PMO 对 OKR 的目标管理考核进行培训，帮助团队制定合适的考核表并协助其完成目标。

3）利益相关方走访。利益相关方包括建设单位、联合体施工单位、审计和监理单位等，参与 A—PMO 走访的人员包括院级 EPC 分管领导、工程总承包事业部总经理、A—PMO 相关人员、支持和配合部门代表（如公司审计、法务）等。通过访谈识别单个项目风险以及整体项目风险的来源，同时也可以了解相关方对项目的需求和期望，建议访谈在信任和保密的环境下开展，以获得真实可信、不带偏见的意见，最终形成走访的总结报告，供项目部参考实施。

4）项目巡视。为加强对项目施工现场的监管力度，确保各项责任落实，真正帮助各项目提升施工质量和安全水平，保障项目的顺利进行，项目巡视的重点是帮助项目部规避风险，提升组织能力。巡视分为季度检查、专项巡查与日常巡检三类。

季度检查由 A—PMO 项目管理办公室对集群各项目的工程实体质量、施工进度、安全文明施工、材料设备使用等情况进行检查和指导。专项巡查是当在建工程发生质量、安全事故、进度滞后、使用部门投诉或者上级管理工作有需要时，由工程总承包事业部组织相关职能中心和部门进行有针对性的现场检查和指导。日常巡检由 EPC 项目经理组织相关人员进行现场检查并形成《日常巡检记录表》。

（3）收尾阶段

项目的收尾阶段是指从项目竣工验收合格之日开始到项目结束的过程。

收尾阶段团队的工作如下：

1）资料的归档。项目所有文档及可交货成果须是更新后的最新版本并移交相关方，且所有需要整改的问题已得到全部解决；移交后需要和建设单位及运营部门签订移交备忘录。

2）费用的跟进。确保所有成本都计入项目成本账户并关闭项目的财务账户，不再允许继续报销该项目的成本。对后续应收款项如设计费、管理费等，项目经理应继续跟踪执行，这个周期视项目情况而定，一般为 3—5 年。

3）编制项目报告。根据 A—PMO 要求组织经验教训总结会，传递项目知识和记录信息，并编制详细的项目后评估报告。EPC 总承包项目的后评估报告建议提供以下信息：项目的概述；EPC 总承包项目的范围、目标、评估标准，以及证明完工标准的资料；质量目标的完成情况，如合格工程、优质工程、获奖情况等；项目的实际里程碑交付日期与实际进度的偏差及原因分析；成本目标，包括可接受的成本区间、实际成本以及产生的任何偏差的原因分析；最终产品和成果确认信息的总结；实现的进度计划目标是否实现了项目所预期的效益；项目在实施过程中发生的风险和问题是如何解决的；组织过程中资产的更新，包括项目文件、运营和支持文件、项目收尾文件、经验教训知识库等。

（二）构建融合式设计管理团队

设计管理践行平衡建筑核心理论，从设计创造共同价值的愿景出发，以"人"为本源，在"讲理""求变""共生"三个方面下功夫，平衡设计创意、建筑经济效益与社会效益。

1. 融合式构架

工程总承包模式推广的初衷是提高设计企业与施工企业的融合度。图 43 为设计企业与施工企业的融合式架构，在设计阶段就能充分考虑施工、采购

设计部门	设计管理部门	成本管理部	施工单位
	项目决策启动		
	参与项目评估与投标配合，配合市场经营部完成项目接洽和总承包合同签订	成本分析与投标配合	施工组织、施工方案分析与投标配合
签订设计服务协议	签订设计服务协议，制定任务书		
	制定设计管控要点	根据合同额和发包人要求制定各专业限额设计指标	
	组织设计资源、制定设计管理模型，制定设计评审计划，编制设计节点计划		
开展技术设计	开展全面技术方案论证和设计优化论证		提供设计优化建议
开展施工图设计，落实优化设计和限额设计要求	审核设计图纸，进行限额设计分析与复核	负责成本核算与成本控制	编制施工图预算
	协助设计部门完成设计成果文件提交		
	组织施工图交底和图纸会审		
设计变更	项目实施过程中的变更管理	设计变更单成本、工期核算	设计变更单费用、工期影响评估
参与竣工验收	协助项目管理部完成项目的竣工验收		
	联合项目管理部完成对设计承接部门的设计质量和服务质量进行考核		
	编制项目设计管理总结报告		
	结束		

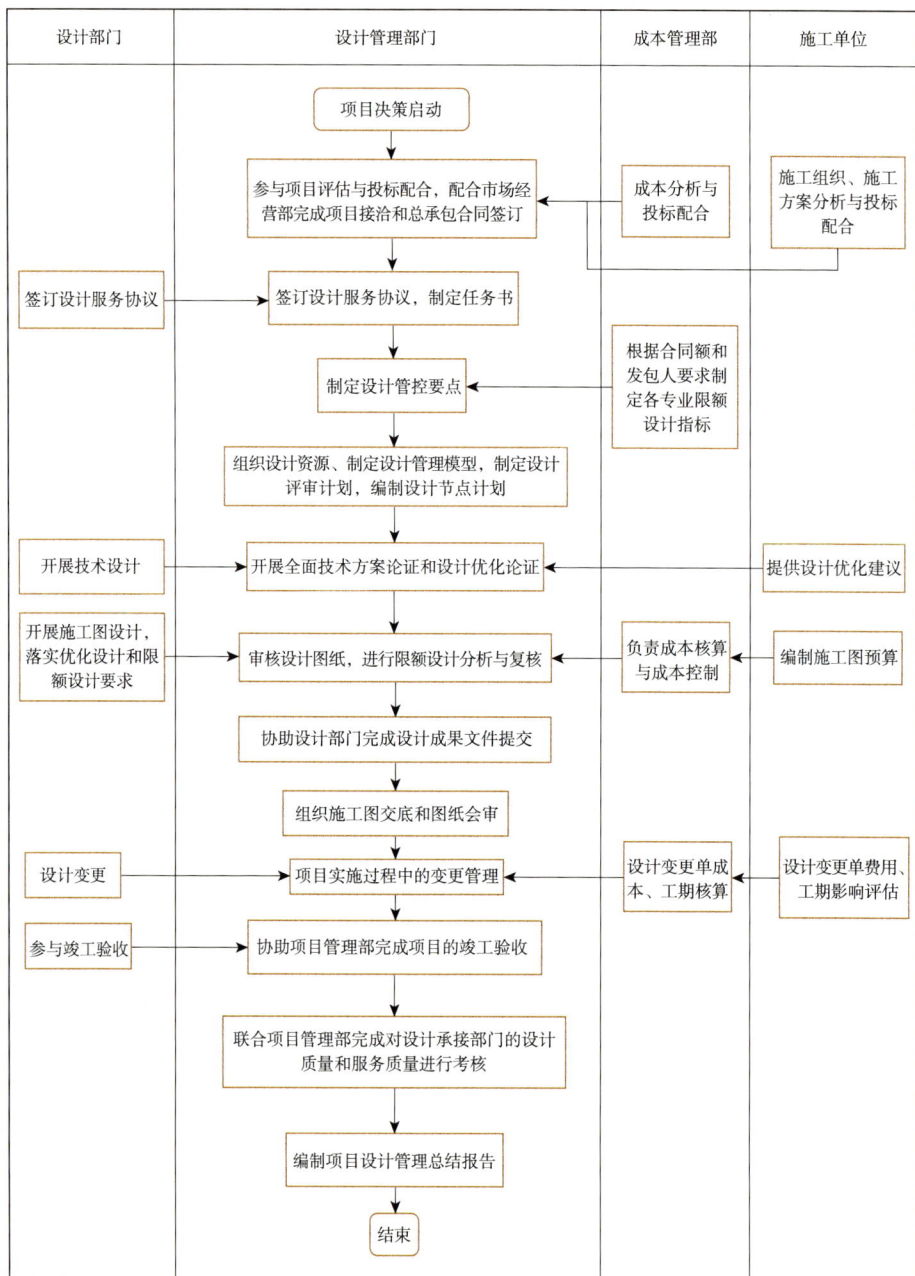

图 43　融合式架构

因素，施工企业可以在设计的协助下制定施工方案和采购方案，在满足设计规范的基础上将项目的施工成本控制在最小范围内。在设计院向工程总承包模式转型的过程中，需要克服设计人员思想上的抵触情绪，做好设计优化和限额设计工作，充分发挥设计对项目管理的支撑作用。

2. 设计管理重点工作

在绍兴 EPC 项目集群管理过程中，打破原有单个项目部配备 1 名设计管理人员的设计管理架构，改为设置集群项目设计管理部，并出台了《设计牵头的工程总承包项目设计管理规定》，重构设计管理程序，设计管理从投标阶段、策划阶段、实施阶段全过程参与，充分发挥集群项目设计管理的优势，控制合同风险，保证设计进度，提高设计质量，有效控制工程成本，促进设计、施工与建设需求高度融合。

（1）在投标阶段提早介入设计管理

投标阶段，设计管理需要协同设计部门、成本部门、市场经营部研究招标文件，识别项目风险，争取有利的答疑澄清，确保投标文件符合招标文件及初步设计文件的技术和标准。例如在绍兴 EPC 项目集群的某项目招标文件中，发现用地红线外的高压线路、通信线路、燃气、给水排水等大市政配套管线在施工采购范围内没有明确，提出了由于承包范围模糊不清导致的重大风险，并通过向招标代理公司沟通和答疑的方式，在投标阶段化解该项风险。青藤书屋周边综合保护项目 EPC 总承包项目，招标的总承包范围包括装饰装修工程，但是作为招标文件附件的初步设计文件中不包括软装及家具，设计管理部经与招标人沟通后确定工程总承包范围内的装饰装修工程为硬质装修，随后指导设计部门在投标文件的装饰装修效果图中增加说明，明确软装及家具仅为示意且不在承包范围内，避免投标承诺超出招标范围的风险。

任何项目的成本控制是项目实施全过程中的核心依据，但是设计师经济成本意识的提升不可能一蹴而就，在设计院转型工程承包模式初期，设计往往会随意提高设计标准，给项目管理和成本控制带来重重困难。因此，设计管理在投标阶段提前介入可以降低该类风险。

（2）在策划阶段充分重视设计管理

在施工图设计开展前的设计策划阶段，设计管理部要求设计承接部门、施工方共同参与设计策划的制定及评审，明确项目定位和目标，目标应包括质量目标、进度目标、工程造价目标等。设计策划应根据招标投标文件、总承包合同、项目的有关批准文件、项目总体计划、国家或公司的有关规定和要求等内容，明确项目设计目标和工作范围，分析项目风险和限额设计要求，确定项目的应对措施和各项设计管理原则、措施和进度。同时，应符合项目总进度计划的要求，满足设计工作的内部逻辑关系及资源分配、外部约束等条件，与工程勘察、采购、施工和试运行的进度协调一致。策划阶段的设计管理工作决定了后续设计管理和设计工作的优劣，需要充分重视。

（3）在实施阶段严格落实设计管理

首先，要推行设计考核管理。项目中标后，设计管理部门要与设计部门签订《设计服务协议》，明确人员投入、设计费用、设计工期、限额设计指标、EPC总承包设计服务奖励等与设计相关的责权利和奖惩机制。项目实施过程中因设计原因发生严重的工程费用超限、设计质量问题和设计服务不到位等约定事项时，将酌情减少或取消项目服务奖励，必要时启动惩罚机制并追究相关人员责任。设计服务考核与设计部门的经济收益直接挂钩，极大地提高了设计部门的服务意识。

其次，要加强设计质量管理。要求设计质量不仅应满足编制深度、设计规范等要求，还应满足施工便利性和采购可靠性要求。设计管理工程师需要具有丰富的设计工作经验，还要懂施工工艺技术，了解设备材料市场行情。在设计出图前，设计管理部门组织专业设计师、施工技术人员、材料采购人员和工程造价人员做好图纸会审工作，提出合理的修改意见并要求设计部门落实。绍兴EPC项目集群属于文化类建筑，项目建筑造型复杂，技术要求高，工艺复杂，非标准化定制材料多，建设需求变化大。在设计管理过程中，设计管理部门持续收集汇总各项目的设计易错案例（表15）及典型设计优化案例（表16），形成数据库。设计易错案例用于借鉴审核各项目的设计成果，可以避免类似错误再犯，减少拆改返工，提高项目品质；设计优化案例可用于推广降低工程造价、缩短工期或提高项目的交付效果。

绍兴 EPC 项目集群的设计易错案例统计表　　　　　　　　表 15

序号	设计错误	错误原因	负面影响	涉及专业
1	建筑总图的各单体建筑定位坐标不准，定位点不在结构轴线交点处	专业间未相互复核图纸	造成返工，存在被索赔风险	建筑、结构
2	建筑面积，施工图阶段与预测绘结果有出入	未委托面积测绘	存在被索赔风险	建筑
3	机电设备管线穿梁、剪力墙开洞的大小与定位，各专业不一致	专业间未相互复核图纸	造成返工，存在被索赔风险	建筑、结构、设备
4	净宽、净高尺寸未考虑施工误差	图纸未预留合理的构造尺寸余地	影响验收，存在被索赔风险	建筑、结构
5	未考虑人防设施对车位使用的影响	建筑专业未复核人防设施和管线以及结构梁之间的关系	影响验收，存在被索赔风险	建筑、结构、设备
6	雨篷、玻璃栏杆等，建筑图上标明详见幕墙图，幕墙图上没有表达	专业间未相互复核图纸	存在被索赔风险	建筑、幕墙
7	立面上的取风口、排风排烟口等，建筑、暖通与幕墙专业图纸不一致	专业间未相互复核图纸	造成返工，存在被索赔风险	建筑、幕墙、暖通
8	内隔墙端头与外玻璃幕墙、窗交接处未表达防火封堵	建筑图纸未表达相关节点做法	影响验收，存在被索赔风险	建筑、幕墙
9	景观图上，消防登高场地与消防救援面之间及消防车道边有高大乔木	专业间未相互复核图纸	影响验收	建筑、景观

续表

序号	设计错误	错误原因	负面影响	涉及专业
10	无障碍设计有缺陷，景观专业道路不符合规范，无障碍卫生间扶手位置有误，洗手盆镜子高度有误等	各专业不重视无障碍设计	影响验收，造成返工，存在被索赔风险	建筑、装饰、景观、设备
11	建筑专业出具联系单未通知其他专业进行相应修改	建筑专业未起到统筹责任	水暖电设备专业引起返工，存在被索赔风险	各专业
12	给水排水要求降板的区域，建筑、结构图纸不一致	专业间未相互复核图纸	造成返工，存在被索赔风险	建筑、结构、给水排水
13	地下室集水坑位置，建筑、结构、给水排水图纸不一致	专业间未相互复核图纸	造成返工，存在被索赔风险	建筑、结构、给水排水
14	风井留洞，地上地下未对齐，建筑、暖通、结构图纸不一致	专业间未相互复核图纸	造成返工，存在被索赔风险	暖通、建筑、结构
15	建筑、装饰图中的基层及面层做法有矛盾且施工界面不清	专业间未相互复核图纸	引起装修施工界面及装修工程量决算分歧	建筑、装饰
16	地下室顶板建筑、结构与景观专业的构造做法及覆土高度不一致	专业间未相互复核图纸	引起施工及工程量决算分歧	建筑、结构、景观
17	电梯井道尺寸地上地下图纸不一致	地上地下不同设计人员，未相互复核图纸	造成返工，存在被索赔风险	建筑、结构
18	防火卷帘底部高度，建筑与装饰图不一致	专业间未相互复核图纸	造成返工，存在被索赔风险	建筑、装饰
19	挡烟垂壁及排烟窗，未明确是否采用电动	专业间未相互复核图纸	造成返工，存在被索赔风险	建筑、幕墙、暖通、电气
20	机械车位及充电桩数量，施工图与初步设计及招标文件不一致	建筑专业未核对前期设计要求	存在被索赔风险	建筑
21	栏杆（含护窗栏杆）的固定问题	建筑专业简单引用图集，无节点详图	引起施工及工程量决算分歧	建筑
22	门的选型要求不明确，缺门的样式、防火性能等	建筑专业门窗表未注明	引起施工采购及工程量决算分歧	建筑
23	一层室外地面设置多台分体空调室外机	专业间未相互复核图纸	影响景观效果	暖通、建筑、景观

绍兴 EPC 项目集群的典型设计优化案例统计表　　　　表 16

序号	优化前	优化后	效益	涉及专业
1	承台、地梁和底板下的垫层采用 200mm 厚 C15 素混凝土及 150mm 厚碎石	垫层采用 100mm 厚 C15 素混凝土及 50mm 厚碎石	降低工程造价	结构
2	幕墙采用铝合金立柱	幕墙立柱改为氟碳喷涂钢方管	加快施工制作进度，节省工程造价	幕墙
3	钢结构连廊的桩基础定位在河道当中，河道中有 4 根 50m 长混凝土灌注柱	加强过河段的钢梁，4 根桩全部取消	连廊造型更为优美，提高景观品质，缩短一个月工期	结构
4	中庭封板采用平直梁	中庭封板采用鱼腹梁	提高了中庭两侧走道净高，减少用钢量	结构
5	广场景观假山影响参观游线以及游客视线通透感	广场假山取消，采用两侧树阵布置	整体使用功能和景观效果提升，适当降低了施工预算成本	景观
6	屋脊在主体结构上再安装成品屋脊	优化建筑节点，成品屋脊与主体结构采用一体化施工做法	降低施工难度，提高防水效果	建筑、结构
7	基坑围护原采用传统放坡	改为围护桩与止水帷幕相结合的围护施工方法	降低地下水对地下室施工的影响，减少对基坑周围保留建筑的沉降影响	岩土
8	超长地下室设置后浇带（温度后浇带）施工缝	采用跳仓法＋膨胀加强带形式，取消温度后浇带	降低施工成本，地下室施工工期缩短，减少结构渗漏隐患	结构
9	穹顶内面层装饰材料采用瓷质材料	穹顶内面层装饰材料改为铜质材料	减少瓷质材料破碎坠落风险，提高安全性	装饰
10	地下室墙面采用防霉涂料	地下室墙面改为天然石粉水性涂料	降低施工成本，地下室施工工期缩短，便于后期维保	建筑
11	幕墙玻璃采用原厂原片	幕墙玻璃改为原片深加工	降低工程造价	幕墙
12	幕墙双钢化中空玻璃充氩气	幕墙双钢化中空玻璃改为充空气	降低工程造价	幕墙
13	幕墙清洗装置采用塔式擦窗机	幕墙清洗装置改为升降车载人清洗擦窗机	降低工程造价	幕墙
14	幕墙采用双超白玻璃	幕墙采用普通白玻璃	降低工程造价	幕墙
15	幕墙采用 4mm 厚穿孔铝单板	改为 3mm 厚穿孔铝单板	降低工程造价	幕墙

再次，要强化设计融合管理。通过设计管理打破施工企业与设计部门之间的技术壁垒，建立顺畅的沟通渠道。在施工图设计之前和设计过程中，施工企业将关于施工便利、成本优化、采购渠道和市场资源等方面的建议提供给设计管理工程师。设计管理部门凭借本身具有的丰富设计施工经验和对设计规范的熟练掌握，分析评估施工企业提出的合理化建议，给设计部门提出设计优化建议或说服施工企业放弃某些不合理的建议。通过设计管理的专业素养和居中协调，可以在设计部门与施工企业之间建立良好的合作机制，促进设计企业与施工企业真正成为关系紧密的合作伙伴。例如，在青藤书屋周边综合保护项目 EPC 总承包项目的幕墙设计中，原设计幕墙立柱材料采用 90×60 系列铝合金立柱，由于铝合金立柱制作工艺复杂、造价高、安全性较差，施工企业提出采用钢立柱的建议。设计管理部门对该建议进行初步分析后，协同幕墙设计人员进行计算复核，找到满足幕墙结构安全性及立面效果要求的钢立柱优化方案，优化后的幕墙立柱工艺简化，不仅加快了施工制作进度，还可以节省工程造价约 65 万元。

最后，要严格设计变更管理。对于建设单位提出的变更需求，一定要有建设单位盖章的书面变更指令，坚决杜绝设计部门按建设单位的口头变更指令出具设计变更。对于施工企业提出的变更请求，需要评估施工企业变更的必要性和可行性，对于变更对项目产生的费用或工期影响，需要协同施工企业提出解决措施。要避免或尽量减少设计部门因图纸错、漏、碰、缺或设计思路调整主动出具的变更，对必须的设计变更，要评估其对项目产生的影响和负担，并按照相应审批权限审批后方可实施。无论何种类型的变更，除设计管理部需协调项目管理部、成本合约部、设计部门、施工企业，从工期、费用及技术可行性等方面对变更进行综合评估外，均应事先与建设单位进行充分的沟通，同时变更签证要充分考虑时效性，严格按照合同要求办理。

（三）创新激励考核机制

设计院的传统绩效考核与 EPC 总承包项目管理的绩效考核存在很大的差异。设计院的传统绩效考核侧重于评估设计师和设计团队的创造力、技术能力和设计成果，注重创造性及创新性，主要是对设计质量、创新性、可行性等方面进行评价，可交付的设计成果的质量和准时交付等作为指标，包括对项目质量和客户满意度的关注，以及对团队合作和沟通能力的评估。

EPC 总承包项目管理的绩效考核更关注整个工程采购、建设流程中各个环节和团队的表现，需要综合评估项目管理、成本控制、质量管理、安全性等方面的工作表现，侧重于实施和项目执行的质量及效率。由于受到项目复杂性和规模的影响，要考虑更多的变量和指标。因此，员工的考核及目标设定，单靠传统的关键性绩效指标（KPI）设定不足以综合评价 EPC 总承包项目，尤其是功能复杂、工期紧张的绍兴 EPC 项目集群。同时，很多职能部门（如设计管理部门、经营部门等）都会参与项目，但是并没有合适的指标去衡量这些部门以及跨团队协作工作人员的工作绩效。

鉴于设计院传统的 KPI 指标不适合绍兴 EPC 项目集群的考核，又希望通过考核机制发挥出各个部门、各个员工的创新性、能动性，为项目管理增效，绍兴 EPC 项目集群建立了一个新的激励考核机制。

1. OKR 概念

OKR（Objectives and Key Results，目标与关键成果法），是一套明确和跟踪目标及其完成情况的管理工具和方法。OKR 作为工作目标和工作业绩的管理，是一个不断迭代的过程。KPI 与 OKR 考核在思维、过程及应用中具有明显的区别，如表 17 所示。

例如，建设单位满意度评价，通常采用年度考核指标，如将满意度 85% 作为合格指标进行团队考核，其实质就是一个控制性 KPI 考核指标。但在

KPI 与 OKR 的区别　　　　　　　　　　　　　　　　表 17

区别	KPI	OKR
实质	绩效考核工具	管理方法
管理思维	控制管理	赋能、内驱、自我管理
目标调整	相对稳定	动态调整，不断迭代
制定方法	自上而下	上下结合，360° 对齐
目标呈现	保密，仅责任者与上级	公开，包括目标、进度及结果
过程管理	考核时关注	持续跟踪
结果	要求 100% 完成，甚至超越目标	富有挑战，可以容忍失败
应用	直接关联年度考核与薪酬	评分不直接关联考核与薪酬（鼓励型），但可作为年底考核的一个参考，即可以与 KPI 结合使用

OKR 中，同样是建设单位满意度评价，其目标就变成本季度提升建设单位的满意度，即把原 KPI 的 85% 的满意度提高为 90%，更具挑战性。在绍兴 EPC 项目集群考核管理中的建设单位满意度，可增加 4 个 KR 维度来提升到 90% 的满意度，如建设单位提出的需求解决时间缩短至 2 天，联合体（施工单位）反映问题解决时间缩短至 1 天，公司高层管理者来项目部的考察次数每季度增加 2 次，设计人员对相关方进行技术培训、交底等每月增加 1 次。相较而言，OKR 更加侧重过程且容易跟踪。

2. 绍兴 EPC 项目集群的 OKR

（1）考核指标

根据绍兴 EPC 项目集群各个项目的内在要求、项目特点，结合公司发展定位，确定绍兴 EPC 项目集群的"O"及"KR"，详见表 18，以及各个项目的某个单项的"O"及"KR"，如表 19 所示。

绍兴 EPC 项目集群的 OKR　　　　　　　　　　　　　表 18

序号	目标（O）	KR1	KR2	KR3
1	在绍兴树立一个稳定、强大、良好口碑的 EPC 总承包管理典范	通过季度论坛、讲座进行相互交流学习并宣传	合理、及时解决利益相关方的需求	廉政建设
2	项目集群的管理形象提升	规划合理，规范统一（服装佩戴、项目部选址、标识标牌等视觉文化）	管理制度、流程及资料统一等	党建工作增强凝聚力
3	提升绍兴 EPC 项目集群的组织能力	公司及项目群中的各个项目部推行 OKR，有效降低沟通协调成本，激励大家为更高的目标去奋斗，取得比 KPI 管理更好的成绩	激发一线员工的主人翁意识，使之比以前更有意愿、更有能力自我驱动管理好各自负责的领域	建立合理的管理人员新陈代谢机制，打造出 2—3 名业界公认的优秀的 EPC 总承包项目经理

绍兴饭店改扩建提升工程 EPC 总承包项目某季度成本管理的 OKR　　表 19

序号	目标（O）	KR1	KR2	KR3	KR4
1	软装方案的评审并控制发展改革委批复的软装单项概算	花灯、家具、饰品、字画预算的合理划分	标准间、大堂及共用部位软装预算划分	软装方案比选（3 个）	软装样板间造价控制
2	建筑边坡挡墙论证，并做好变更控制	挡墙的合理性论证	挡墙的必要性论证	初步设计与实际挡墙的预算对比	优化的措施
3	合同外变更的梳理	建筑红线内外的区别	招标前与招标后的功能变化	建设单位的需求变化	不可抗力的影响值

（2）信心评分

OKR 具有挑战性，在填写目标的时候需要一个心理指数即信心指数，该指数按 1—10 进行评分，当信心指数是 5 的时候代表有 5 成把握。通过信心指数目标，能促进上下级之间、同事之间的沟通并最终达成共识。如 EPC 总承包项目经理的信心指数为 5、工程总承包事业部领导的信心指数为 7、设计院领导的信心指数为 8，那么各个层级之间将会进行沟通，挑战型的目标可能是浙大设计院对工程总承包事业部门长远规划的支持，也可以促进项目经理的能力提升和大胆创新。

表 20 为绍兴饭店改扩建提升工程 EPC 总承包项目的项目经理、工程总承包

事业部领导、设计院领导面对 KR 的信心指数。表中的第 2 项、第 3 项属于承诺型的 OKR，即必须要完成的；第 1 项和第 4 项属于挑战型的 OKR；第 5 项属于合同外完不成的事项，一般不列入 OKR，其失败的概率会比较大。根据不同岗位、部门，承诺型和挑战型的比例可以动态调整，一般职能部门面临的支持型、承诺型的 OKR 会多一些，最终目标是促进沟通、增强信心、提升业绩和能力。

绍兴饭店改扩建提升工程 EPC 总承包项目挑战型信心指数表　　表 20

序号	KR	项目经理信心预估	项目经理实际信心	工程总承包事业部信心指数	院分管领导信心指数
1	软装设计方案与预设效果一致	4	5	6	6
2	设计师让软装供应商充分了解和配合	5	6	7	7
3	实际装修效果与设计方案一致	5	6	7	7
4	提高大堂入口正对景观的视觉整体效果	6	6	7	7
5	总统客房增设首长电话专线（红机）	3	4	4	4

（3）目标管理

绍兴 EPC 项目集群实施 OKR，可以实现员工能力、管理者能力和组织能力的提升。因为 OKR 一旦设定，管理者须马上和员工进行沟通，OKR 不仅是一个目标管理工具，更是一个促进交流和沟通的工具。OKR 根据项目需要可以按月或季度设置，高敏捷度让组织反应更加迅速。EPC 总承包项目使用 OKR 会在项目经理和员工之间建立良好的沟通，项目经理认可员工的表现，员工觉得自己被尊重，双向奔赴增强业绩完成能力。在这个过程中，项目经理获得领导力和目标管理能力的提升；项目员工通过 OKR，自己设置目标、自己聚焦、提升自身执行力，形成一种良好的思维方式，促进自我管理能力提升和个人成长。需要注意的是，在项目实施过程中，每个阶段的重点目标应合理聚焦，做到目标清晰重点突出。OKR 不仅可以增进彼此的信任，增强团队的凝聚力，跨团队合作也更加和谐。表 21 为青藤书屋周边综合保护项目 EPC 总承包项目的 OKR 目标管理表。

青藤书屋周边综合保护项目 EPC 总承包项目的 OKR 目标管理表　　表 21

所属部门/团队:青藤书屋周边综合保护项目 EPC 总承包项目　　时间段:2022 年 8 月 1 日—2022 年 10 月 1 日

上级组织目标:(目标是希望达成的理想状态,目标必须:鼓舞人心/可达成/本季度可执行/团队可控/团队/对业务有价值)

序号	目标 (O)	关键结果 (KR)	负责人	时间	任务分解	完成情况说明	KR 完成状态	O 完成状态
1	无安全事故	KR1:安全目标责任落地	王××	2022.8.1	1. 成立安全生产委员会; 2. 安全人员管理; 3. 安全生产制度; 4. 季度及年度安全目标责任书; 5. 安全生产管理计划	根据项目管理计划及安全目标责任,团队能全部落实		
		KR2:安全检查并配合巡检	贝××	2022.10.1	1. 每日早上上传安全交底视频; 2. 每周项目部的巡检; 3. 每月配合项目群 PMO 的安全巡检	按计划完成并形成记录,作为工程总承包事业部的组织过程资产		
		KR3:安全控制运行管理	田××	2022.10.1	1. 安全技术、教育培训; 2. 安全标准防护; 3. 消防安全管理	参与施工组织设计和重大方案的审核;编制每月 1 次的安全教育计划并进行每月 1 次的安全教育培训;开展安全管理标准化示范工地评选;进行每月 1 次的消防演习		
2	评杯创优	KR1:组织评杯的策划	王××	2022.8.1	组织评杯策划	召集专家进行项目评杯的策划并形成会议纪要		
		KR2:省市标准化工地验收通过	王××	2022.9.15	组织专业人士对标准化工地实施指导并整改	资料标准化、场地标准化、视频及照片美化标准化		
		KR3:绍兴市优质工程	王××	2022.9.1	1. 通过市文明工地评选; 2. 基础及主体工程被评为优质结构工程	顺利完成评选		

续表

所属部门/团队：青藤书屋周边综合保护项目 EPC 总承包项目　　时间段：2022 年 8 月 1 日—2022 年 10 月 1 日

上级组织目标：(目标是希望达成的理想状态，目标必须：鼓舞人心 / 可达成 / 本季度可执行 / 团队可控 / 对业务有价值)

序号	目标(O)	关键结果(KR)	负责人	时间	任务分解	完成情况说明	KR完成状态	O完成状态
3	季度经营指标	**KR1**：按进度要求收回总承包管理费100%	房××	2022.10.1	1. 工程进度款申请与管理费申请同步；2. 督促建设单位按时支付工程款	管理费达不到合同要求，不能足额支付	(黄)	(黄)
		KR2：设计费收取100%	房××	2022.10.1	按合同节点提前与建设单位进行沟通	建设单位与设计院的工作界面不清而产生设计费滞后	(红)	
		KR3：预算不突破合同价	王××	2022.8.15	1. 施工图纸上传前请设计院和施工单位各做一份预算；2. 对各方的预算进行对比审核，确保图纸预算不超合同价；3. 图纸上传前需双方取得一致意见	召集会议，邀请专家对图纸进行审核并优化，合理分配各专业工程量，确保各专项分包不超过概算地复核的造价	(黄)	

注：●红色代表没有完成；○黄色代表有难度的任务，努力后部分达成，现在完成了或完成●绿色代表有难度不可能完成的任务，现在完成了或完成得不错。

94

通过会议的形式对 OKR 进行追踪，确保在规定的周期内完成，包括每日站会、周会、月会、季度会议、年会等。每日站会人员一般为 5 人：项目经理、技术负责人、施工员、材料员、预算员，主要内容为昨天完成工作情况、今天工作计划、工作中碰到的主要困难，需要谁解决，如何提供帮助；每周例会，汇报本周工作以及对照 KR，及时发现问题、解决问题；月度会议增加 EPC 总承包项目经理与项目员工的交流，使 EPC 总承包员工获得一个成长的机会，提升责任心；季度会议，到季度末进行工作复盘；半年度和年度会议类与季度会议类似，进行工作的复盘与改进。

浙大设计院为了更好地实施 OKR，创建了自己的 PMIS（Project Management Information System，项目管理信息系统）系统。PMIS 系统有效解决了操作上的一些困难，员工在线上传 OKR，可以实现互相配合、互相监督，通过白板、海报、即时贴、视屏等，实现可视化管理。绍兴 EPC 项目集群的 OKR 目标管理模式不属于传统的工程管理模式，它是一种支持改善、创新、变革和转型升级的目标管理工具，更是一种促进员工自我成长的思维模式和工作方法，帮助团队持续改进。通过 OKR 的实施，可以促进沟通，强化领导力，帮助员工解决问题、更高效地完成目标。

五、
绍兴 EPC 项目集群管理手段创新与实践

（一）多维度的变更管理模型重构

变更管理是项目建设管理过程中的重要环节，特别是 EPC 总承包项目，由于承包人原因的各种变更导致的工期费用等风险均需由承包人自己承担，设计、采购、施工都属于承包人的职责范围，这一点完全不同于传统的施工总承包模式。绍兴 EPC 项目集群项目除具有常规 EPC 总承包项目工程规模庞大、建设周期长、利益相关方的权利和义务复杂等特点外，还具有文化类项目的特点：社会影响面大、公众关注度高、技术工艺复杂、建设需求不确定。面对绍兴 EPC 项目集群功能定位不确定性高、需求变化调整多、变更多、影响大的现状，必须充分转变观念，重视变更管理，构建更加合理的变更管理模型。

根据变更内容不同以及对项目影响程度大小，变更可以分为合同变更和工程变更两大类。合同变更是指有效成立的合同在尚未履行或未履行完毕之前，合同当事人就合同的内容达成修改和补充的协议，即合同内容的变更，一般以合同补充协议的形式确定。工程变更是指在工程项目实施过程中，按照合同约定的程序，监理人根据建设单位的指令或工程需要，下达指令对招标文件中的原设计或经监理人批准的施工方案进行的，在材料、工艺、功能、功效、尺寸、技术指标、工程数量及施工方法等任一方面的改变，一般以指令单、联系单、会议纪要等形式确定。

1. 合同变更

合同变更的实质在于使变更后的合同代替原合同。变更后，当事人应按变更后的合同内容履行。合同变更原则上向将来发生效力，未变更的权利义务继续有效，已经履行的债务不因合同的变更而失去合法性。

合同变更包括工程总承包合同变更、施工分包合同（或联合体协议）变更、专业分包和专业采购合同变更。区分工程总承包合同与其他合同，构建不同的变更审批流程，根据合同变更的具体情况召开有针对性的合同评审会（图 44）。工程总承包合同变更的评审会由工程总承包事业部下属的成本合

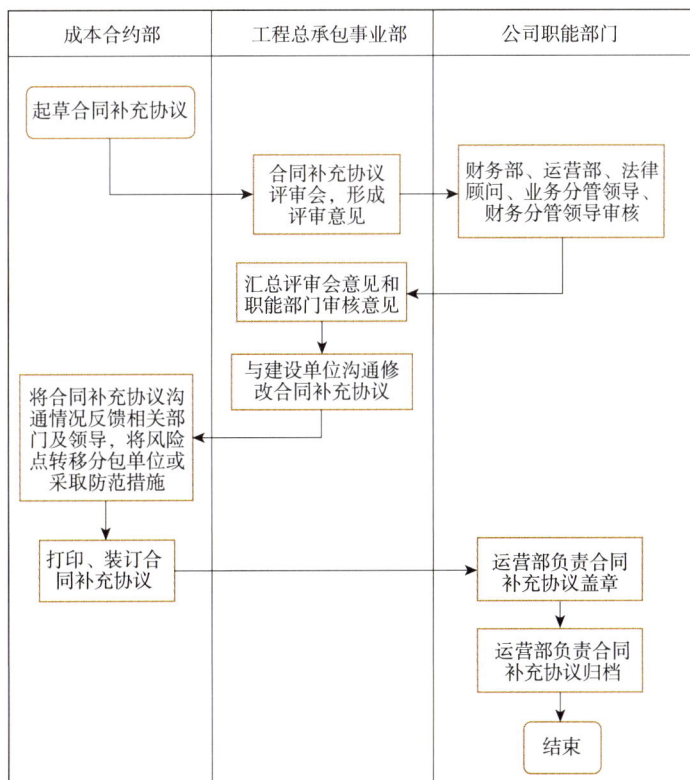

图 44　工程总承包合同变更审批流程

约部、设计管理部、项目管理部、设计部门、联合体合作单位等部门或单位参加。施工及专业分包合同（或联合体协议）变更的评审会由工程总承包事业部下属的成本合约部、招标采购部、设计管理部、项目管理部等部门参加（图45）。为加强合同变更管理，项目实施过程中应建立《项目合同台账》（表22），对合同变更的主要内容、合同金额等进行汇总、统计。

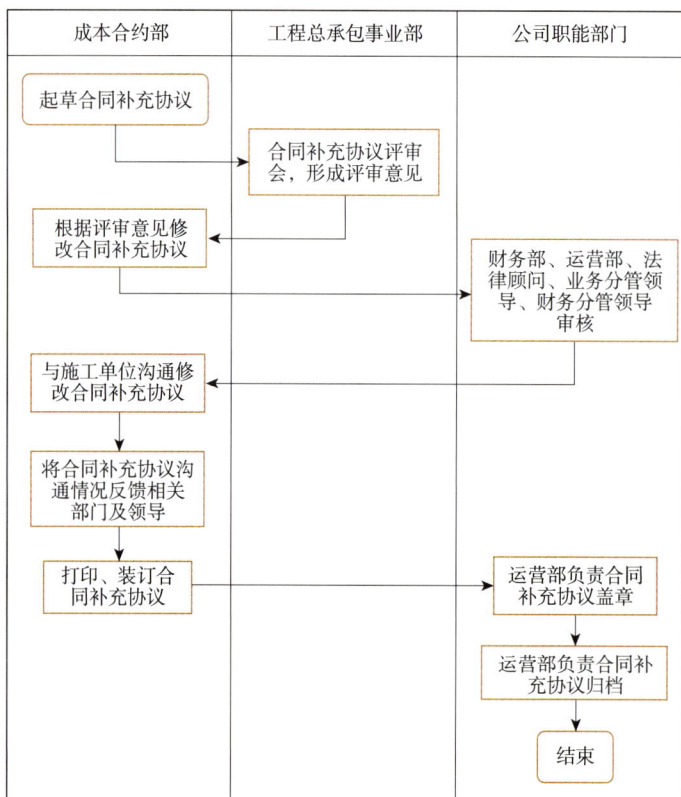

图45 施工及专业分包合同（或联合体协议）变更审批流程

2. 工程变更

根据提出变更申请和变更要求的主体，将工程变更划分为三类：建设单位变更、设计单位变更、施工单位变更。

项目合同台账 表 22

序号	名称	内容	签订时间	合同金额	变更金额1	变更金额2	……	最终金额	合同对方
一、收入合同									
1	工程总承包合同								
2	补充协议 1								
	……								
	合计								
二、总分包支出合同									
1	联合体协议								
2	设计分包协议								
3	××分包合同								
	……								
	合计								

三、材料设备支出合同

序号	名称	规格参数	签订时间	采购数量	采购品牌	采购单价	采购总价	总价调整1	总价调整2	……	最终金额	合同对方
1	××采购合同											
	……											
	合计											

备注：

编制人：

建设单位变更是指建设单位根据现场实际情况、工程规模、使用功能、工艺流程、质量标准的变化，以及工期改变等合同内容的调整而提出的工程变更，建设单位工程变更的审批流程见图 46。

设计单位变更是指设计单位在工程实施中发现工程设计中存在的设计缺陷或因其他因素需要进行优化设计而提出的工程变更，设计单位工程变更的审批流程见图 47。

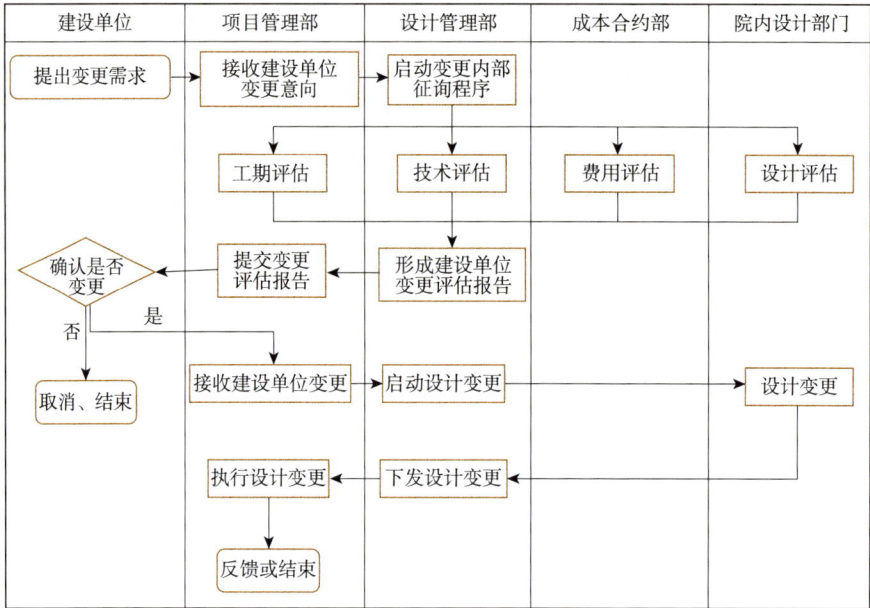

图 46　建设单位工程变更的审批流程

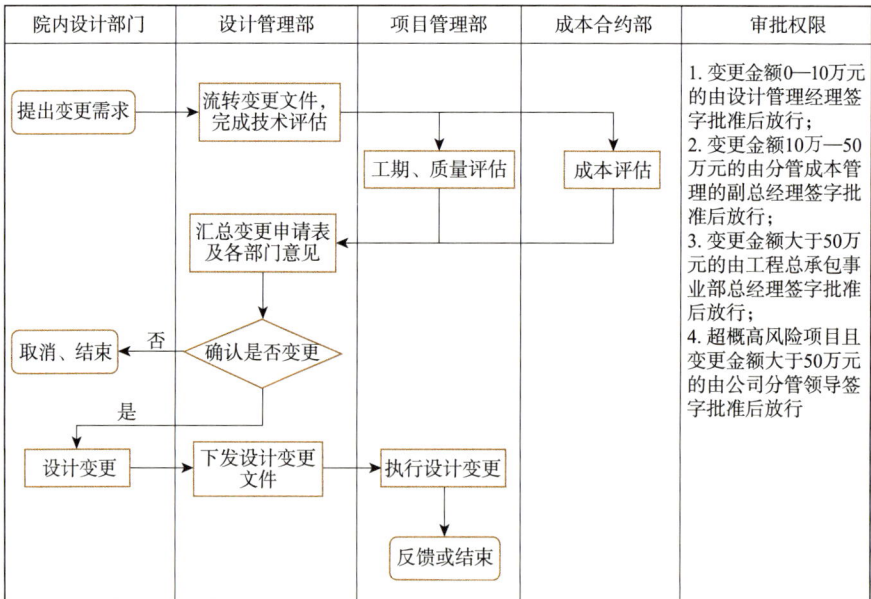

图 47　设计单位工程变更的审批流程

施工单位变更是指施工单位在施工过程中为了施工便利性而提出的工程变更，施工单位工程变更的审批流程见图48。对于导致费用增加或工期延长的施工单位变更，由施工单位承担相应责任。

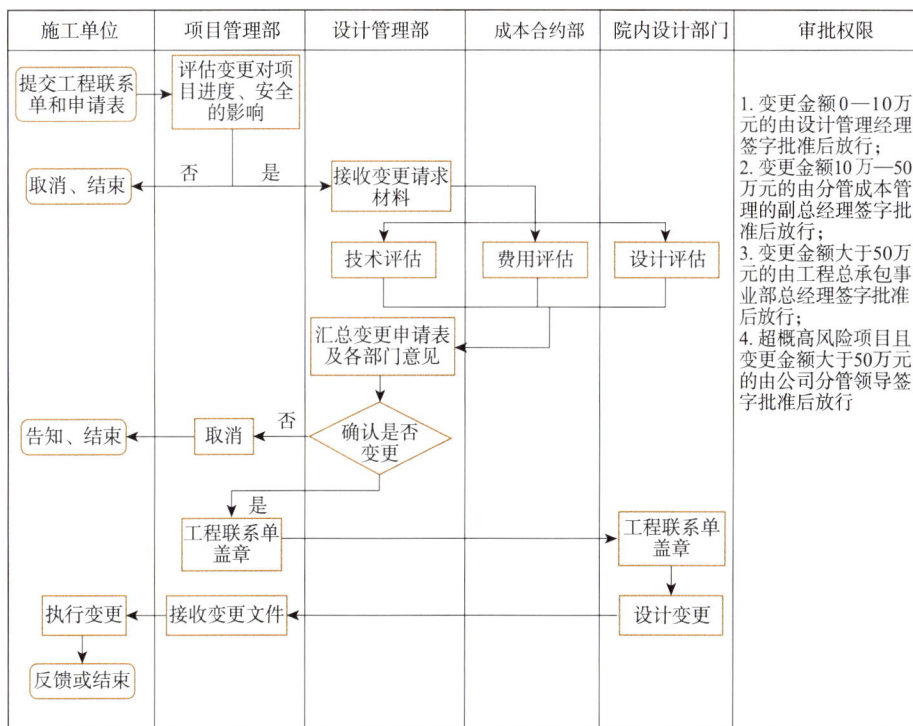

图 48　施工单位工程变更的审批流程

项目实施过程中，应建立《项目变更联系单台账》，详见表23。

工程变更管理的重点是索赔管理，应加强自身的索赔管理意识，收集资料，适度索赔，增加合同效益。索赔管理应注意以下事项：大型项目应专门设立索赔管理专业人员，索赔管理专业人员必须熟悉合同条件中的索赔条款；索赔应注意收集和积累证据，不能作假、后补；索赔应注意时效，发生索赔事件后的 28d 内应发出索赔通知，否则发包人可以免除责任。

项目变更联系单台账 表23

序号	编号	发文时间	事由	主要内容	专业	责任单位	性质	预估金额	签证金额	备注
一、建设单位提出的变更联系单										
1										
	......									
	合计									
二、施工单位提出的变更联系单										
1										
	......									
	合计									
三、设计单位提出的变更联系单										
1										
	......									
	合计									
四、其他原因导致的变更联系单										
1										
	......									
	合计									

编制人：

3. 绍兴饭店（二期）燃气调压站工程变更管理

（1）变更内容

绍兴饭店改扩建提升工程（二期）EPC项目的府山隐、府山悦部分均有酒店厨房功能。府山悦因燃气流量较小，可以采用壁挂式计量器；府山隐锅炉的燃气用量比较大（最大流量达到591m³/h），需采用调压站进行终端控制，需要对燃气调压站进行选址建设。

燃气调压站是由建设单位单独委托第三方（燃气公司）进行设计、采购和施工的项目，不属于工程总承包的工作范围，但是调压站初步选址是在工程总承包府山隐单体的红线范围内，对府山隐的室外景观和综合管线产生了不利影响，需要对府山隐室外景观专业和综合管线专业的施工图进行变更修改。具体选址情况详见图 49。

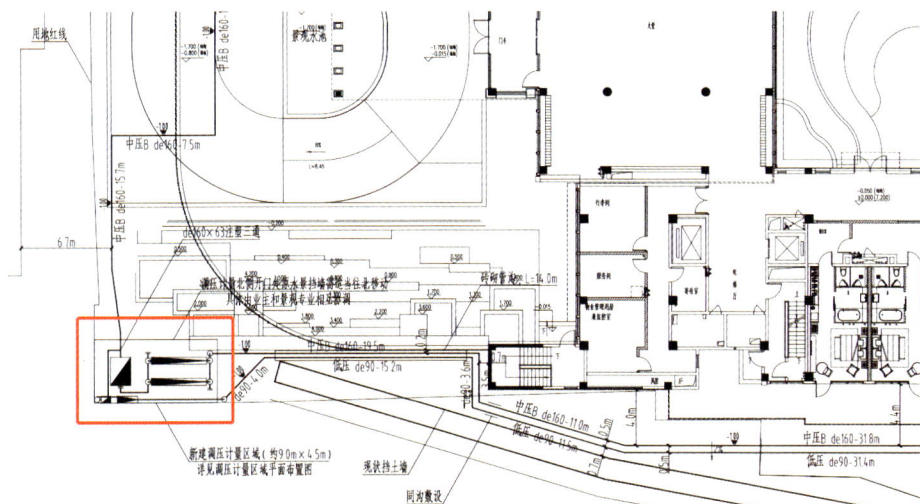

图 49　燃气调压站选址施工平面图（局部）

（2）变更的影响评估

燃气调压站位置选定后，项目管理部组织施工单位、设计管理部、成本合约部和设计部门分别对该项变更进行仔细评估，并形成评估结果。

第一，景观效果影响明显。燃气调压站选址位置在景观施工图中为大堂跌水景观区，增加燃气调压站后将直接导致跌水区西南角面积减少，整体景观效果将受到影响（图 50）。

第二，市政综合管线施工影响巨大。受原始红线和地形影响，综合管线在燃气调压站区域的空间原本就狭小，增加燃气调压站后，该区域的空间将更加局促，部分管线还需增加检查井，导致管线建设和使用维修都非常困难（图 51）。

（a）原景观效果

（b）增加燃气调压站后景观效果

图 50　变更前后景观效果对比

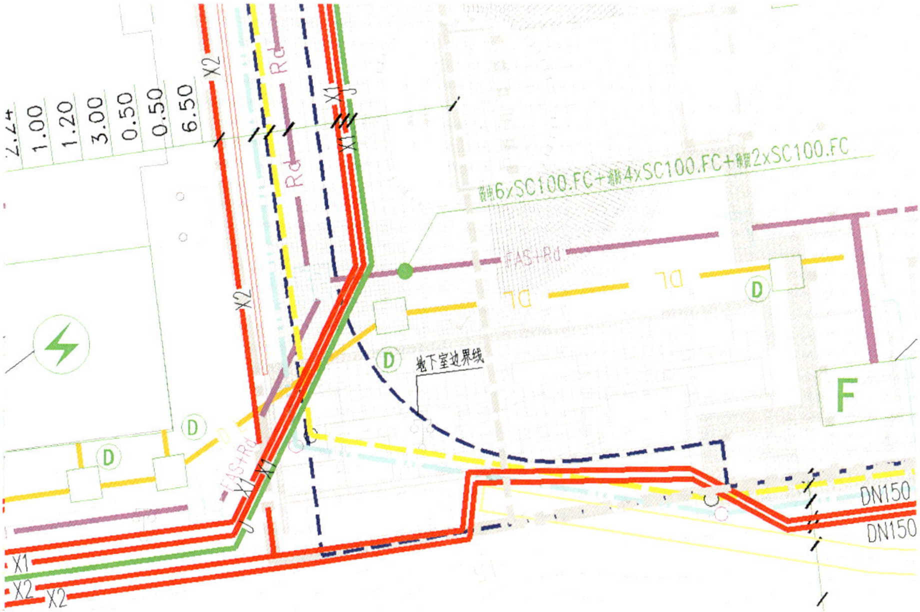

图 51　燃气调压站区域综合管线布置图调整情况

　　第三，成本增加。在府山隐区域，其后缘边坡采用垂直挡墙结合锚索的方式进行支护，燃气调压站选址区域的原景观设计不会扰动和破坏后缘边坡，所以无须进行边坡支护（图 52）。若新增燃气调压站，因为施工时需要进行基坑开挖，该区域边坡需要进行支护后方可施工。结合设计提出的支护方案，在暂不考虑设备进出场等费用的情况下，需要增加边坡支护成本约 252000 元。

　　第四，进度影响。按照燃气调压站的进度安排，2022 年 4 月初完成施工图，4 月中旬需要进场施工。但由于需要工程总承包方先行施工边坡支护措施，需要 45—60 d 才能完成支护施工，在此之前，燃气调压站无法进场施工，导致燃气调压站在 2022 年 6 月 30 日前无法实现进度目标。

　　根据变更评估情况，工程总承包单位与建设单位、燃气公司进行了多次技术沟通，并协助建设单位重新进行燃气调压站的选址，最终将燃气调压站

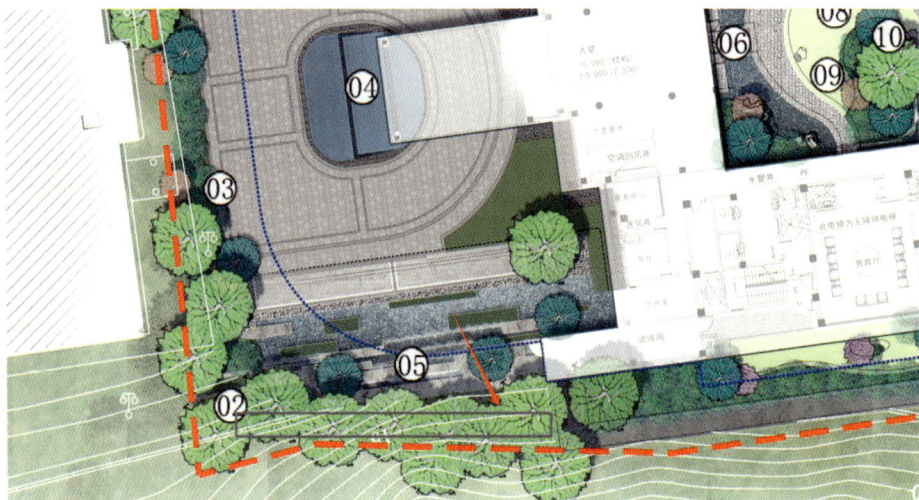

图 52　需增加边坡支护的区域

选址在绍兴饭店友好会馆南侧靠山体处的位置。由此避免了对府山隐项目建设的不利影响，也保证了燃气调压站的顺利实施和按时完工。

从本次工程变更管理的过程可以发现，严格落实多维度变更管理流程和评估要求，充分挖掘各参建主体对变更的本质要求，平衡利益相关者之间的不同利益诉求，营造多赢局面，更有利于促进项目达成预期目标。

（二）精细迭代的品质管理机制

品质是思想、品行、素质等的本质。生产经营活动中品质有两个方面的含义：狭义的含义、广义的含义。狭义的含义是指产品或服务的质量，表示产品所具备的属性或特质以及向顾客提供服务的优劣；广义的含义则代表着企业的信誉、责任、品牌和文化的集合。在管理学上，品质通常被认为是企业的生命，也是构建企业核心竞争力的核心要素。如果企业具有卓越的品质，常常能使其产品或服务获得超值的回报，而接受服务的对象则在不自觉中把这种体验传递给周围的人，久而久之就形成了良好的口碑，对其产品的销售和品牌形象的提升起着直接的推动作用。在参与市场竞争中，企业具备顾客公认的品质非常重要，这种品质是企业永远的追求，是质量、信誉、责任和文化的体现，更是品牌的内涵，它不仅是产品，也是企业"人品"的一种外在表现。因此，品质管理应运而生。

品质管理（Quality Management）是指确定品质方针、目标与责任，组织、监督、控制，从而保障品质体系有效实施的过程。品质管理的实质是以质量为中心，以全员参与为基础，通过让客户满意而达到长期成功的管理途径。如品质策划、控制、保障与改进的全面管理职能都属于此范畴，品质管理的目的是以科学的管理组织生产出与客户需求相符合的产品和服务的一切手段。品质管理同时也是一个过程，是指从产品研发到销售的质量信息反馈到研发与生产中，使产品和服务不断完善的过程。许多企业的成功，都源于其卓越的品质，如卫生有保障的餐饮店其客户群固定；某品牌的电器产品要比同类产品贵，却有很多消费者愿意购买，某企业能够进入世界 PC 业的三甲行列等，都源于企业品质管理的保障。打造卓越品质的切入点，就是建立完善品质管理机制，包括健全品质保证体系、提高生产者品质意识、重视员工教育培训以及实施全面质量管理等。

EPC 总承包项目因其需要在有限的时间和空间上进行多单位、多专业、多工种的交叉施工，面临成百上千工人、上万种物料、上千种机械设备，必须要有科学、先进的组织管理措施，方能圆满完成生产过程，以保证项目的品质。绍兴的 6 个文化建筑项目因其文化设施的身份被冠以"地标性建筑"等头衔，深受相关部门及领导的重视，其品质要求更高。因此，需要建立一套完善的品质管理机制，以保障绍兴 EPC 项目集群的建成效果。

1. 绍兴 EPC 项目集群品质管理的难点

（1）项目造型复杂、技术要求高，施工实践挑战大。绍兴 EPC 项目集群的 6 个项目均为文化建筑，且为当地标志性建筑，建筑造型具有独特性、复杂性，以及参照建筑少等特点。文化建筑本身在技术难度、工艺复杂程度上都极具挑战。事实上，设计院的技术实力足以从理论上解决上述设计技术问题，保证品质满足要求。但是在项目施工阶段，施工实践中需要解决的管理实践问题多。

（2）**非标准化材料多、定制材料多，质量管理风险大**。如前所述，绍兴 6 个文化建筑的建筑形体都具有独特性，这一特点决定了项目在建设过程中将不可避免地使用大量的非标准化材料，甚至是定制材料，且往往需要参建各方进行选样、定样后，方可应用到施工中。非标准化材料和定制材料市场流通率低，质量参差不齐，选样、定样的质量风险大，给品质管理带来极大的挑战。

（3）**需求确定性低、决策线路长，品质控制难度大**。文化类项目大多为政府投资项目，以服务公众为目的，其整体定位清晰，但受不同人群、不同时期对具体文化和功能的理解及要求不同，容易导致需求不确定，特别是项目实施过程中，在高关注度和多方参与的影响下，需求变更更加频繁，且新需求的确定通常需要层层汇报和修改才能确定，决策线路长。新需求确定后往往还要经过漫长的设计、施工调整期，使得进度压力增加，进而加大品质控制难度。

2. 绍兴 EPC 项目集群品质管理机制

设计牵头的 EPC 总承包项目，设计院更承担着项目实施全过程中保证建筑品质的重要使命，需要协调建设单位的细部要求、协调工程技术上的矛盾，并通过细部和构造的设计强化品质的创造。因此，为了充分发挥设计院的优势与特色，针对绍兴 EPC 项目集群，建立了基于 Scrum 的品质管理机制，以保证服务过程与服务结果的品质。

（1）Scrum 敏捷管理

Scrum 一词来源于橄榄球运动中的"并列争球"。后来，Scrum 指迭代式增量软件开发过程，通常用于敏捷软件开发（陈国栋等，2011）。敏捷是一种思维模式，在 Scrum 敏捷管理中，整个开发过程由若干个短的迭代周期组成，其在功能需求复杂且多变的项目上具有明显的管理优势，能够通过快速的轻量级开发方式完成价值交付。

Scrum 通常包括一系列实践和预定义角色：负责维护过程和任务的 Scrum Master（项目经理），代表利益所有者的 Product Owner（产品负责人），以及 Developer（开发人员）。通过 Scrum of Scrums 的方法可构建多层级的敏捷项目管理团队（Schwaber，2007）。一个完整的 Scrum 流程如图 53 所示。

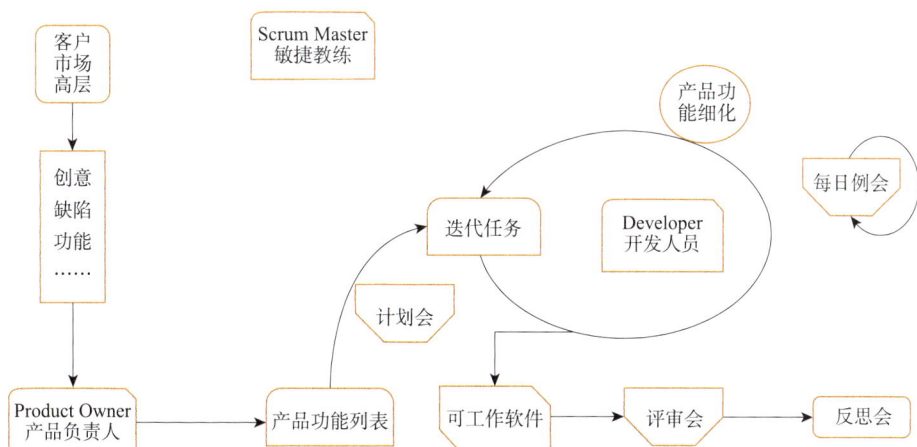

图 53　Scrum 流程图

通过绍兴 EPC 项目集群品质管理的难点分析，需求确定性低、项目造型复杂和非标准化材料多是文化类项目品质管理的难点，基于此，设计院在吸收和改进传统项目设计服务制度的同时，在 EPC 总承包项目管理中引入全球先进的"Scrum 敏捷"思想，构建品质管理运行机制，以期解决上述难点。

（2）三维度设计师服务制

设计师的施工现场服务，在传统建设模式已存在多年，但因 EPC 总承包项目建设模式要求设计与施工的有效联动，其设计服务势必区别并优越于传统建设模式，因此建立三维度设计师服务制。

1）**建设期全过程、全周期的高效设计师服务**。绍兴 EPC 项目集群项目均为文化建筑，且均为初步设计完成后设计院中标的 EPC 总承包项目，设计服务自初步设计深化开始，持续至竣工验收，其中施工阶段基本实现关键节点全覆盖式的驻场设计服务，施工现场反馈的关于设计和技术方面的问题能够实现"不隔天"的高效处理。

2）**与施工阶段高度衔接的专业设计师服务**。项目建设周期的不同阶段需要不同的专业设计师，项目集管理过程中，设计院以现场实际进度为主线，以现场需要为基本，辅以超前预测，在地下部分、地上土建阶段、设备安装阶段、景观和装饰装修阶段，分别加大专业设计师的服务力度，与施工单位共同组成工作小组，实现主动服务、专业服务、高效服务的目标。

3）**建筑师主导下的多专业设计配合服务**。设计师服务制在设计院建筑师（通常为项目设计负责人）的主导下，各专业设计师均由建筑师统一安排，在确保建筑艺术效果的同时，可将各设计专业的问题、各专业设计之间的问题，以及各专业与建筑冲突的问题在一个团队内快速解决，大大缩短各专业之间的沟通成本，提高沟通质量。

为实现三维度设计师服务制，建立了建筑师主导下的设计服务团队组织（图 54）。

三维度设计师服务制在项目集群管理中占据着举足轻重的位置，是确保项目品质的"压舱石"，在绍兴 EPC 项目集群管理中与 Scrum 共同形成运行机制，在 EPC 总承包项目管理中得到充分发挥。

（3）Scrum 品质管理机制

针对文化类项目集群的品质管理，设计院基于 EPC 总承包管理模式重塑三维度设计师服务机制并引入 Scrum 敏捷管理理念，旨在通过建立合理、高效的品质管理运行机制，解决项目集实施中出现的问题，是一次前瞻性的尝

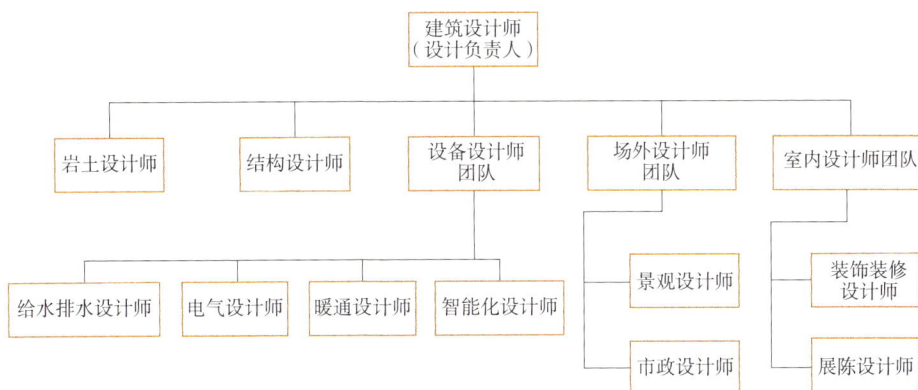

图 54　设计服务团队组织图

试，取得了较好的实践效果。

1）Scrum 的角色定位分析

Scrum Master。在 Scrum 中，Scrum Master 的主要职责是为整个团队提供支撑和服务，引导团队解决问题。而在 EPC 总承包项目管理中，该职责由 EPC 总承包项目经理负责，有极强的对应性。

Product Owner。Scrum 中的 Product Owner 往往是产品的拥有者，可以是投资方、运营方、公司方等。在建设项目中，狭义的 Product Owner 是建设单位及其背后利益关联方，统称业主方；针对文化类建筑，往往具有公共建筑的属性，同时受政府相关部门的管理，这决定了广义的业主方应包含实际使用方和监督方（统称为其他相关方）；而作为 EPC 总承包项目，从建设责任角度分析，EPC 总承包方（通常包含设计方和施工方）也应是产品本身（建设项目）广义的业主方。因此，在 Scrum 品质管理框架中，Product Owner 应包含业主方、设计方、施工方和其他相关方。

Developer。作为 Scrum 中的核心角色，负责整个迭代过程的具体实施，相对于建设项目，所有参与品质管理的计划、实施、纠偏等人员都应列入。但从设计院角度出发，其管理深度决定 Developer 的成员有限，主要应包括业主方、设计方、施工方等对项目品质控制提供技术方案和管理方案的人员。

三维度设计师服务制的角色定位。设计师作为品质管理的核心治理支撑，是品质控制技术方案提供的核心力量，是 Scrum 中 Developer 的主要组成部分。在 EPC 总承包项目管理中，三维度设计师服务制表现为制度化的服务团队，在 Developer 中居主导地位，业主方和施工方处于从属地位。

2）Scrum 品质管理机制构建

通过上述角色定位和分析，以 Scrum 的核心思想为基础，结合品质管理需要，构建针对绍兴 EPC 项目集群的 A-E-Scrum 品质管理机制，其中 A 为 Architect，E 为 EPC。A-E-Scrum 品质管理机制是指设计师服务制支撑下的 EPC 项目品质管理机制（图 55）。

3. 绍兴 EPC 项目集群品质管理实践

（1）绍兴饭店府山隐中央景观区需求调整

绍兴饭店改扩建提升工程（二期）EPC 项目作为文化类项目集群中唯一的酒店类项目，具有需求确定性低、决策线路长的特点。绍兴饭店改扩建提升工程（二期）EPC 项目管理线路较长，合同约定的业主为绍兴饭店，其下属工程部作为工程管理的归口部门，同时有酒店管理相关职能部门，后又委托代建公司（绍兴市阳明故里开发建设有限公司）辅助管理，绍兴饭店和代建公司同属于绍兴市文化旅游集团有限公司管理（均为其全资子公司）。业主方具体管理结构如图 56 所示。

府山隐中央景观区，在初步设计中功能定位为开放式跌水景。施工图阶段，该区域功能调整为兼顾市民休闲功能的广场，后续设计和施工中均以休闲广场为定位进行设计和施工配合，并完成方案确定和施工图设计。现场土建部分施工基本完成后，要求将此区域重新恢复为开放式跌水景功能。功能的重新调整使相关施工图和现场已完工部分不得不进行调整和拆改，给项目品质存在潜在的负面影响。

面对功能调整，浙大设计院以 A-E-Scrum 品质管理机制为依托，经过多

A-E-Scrum品质管理机制   Scrum管理流程

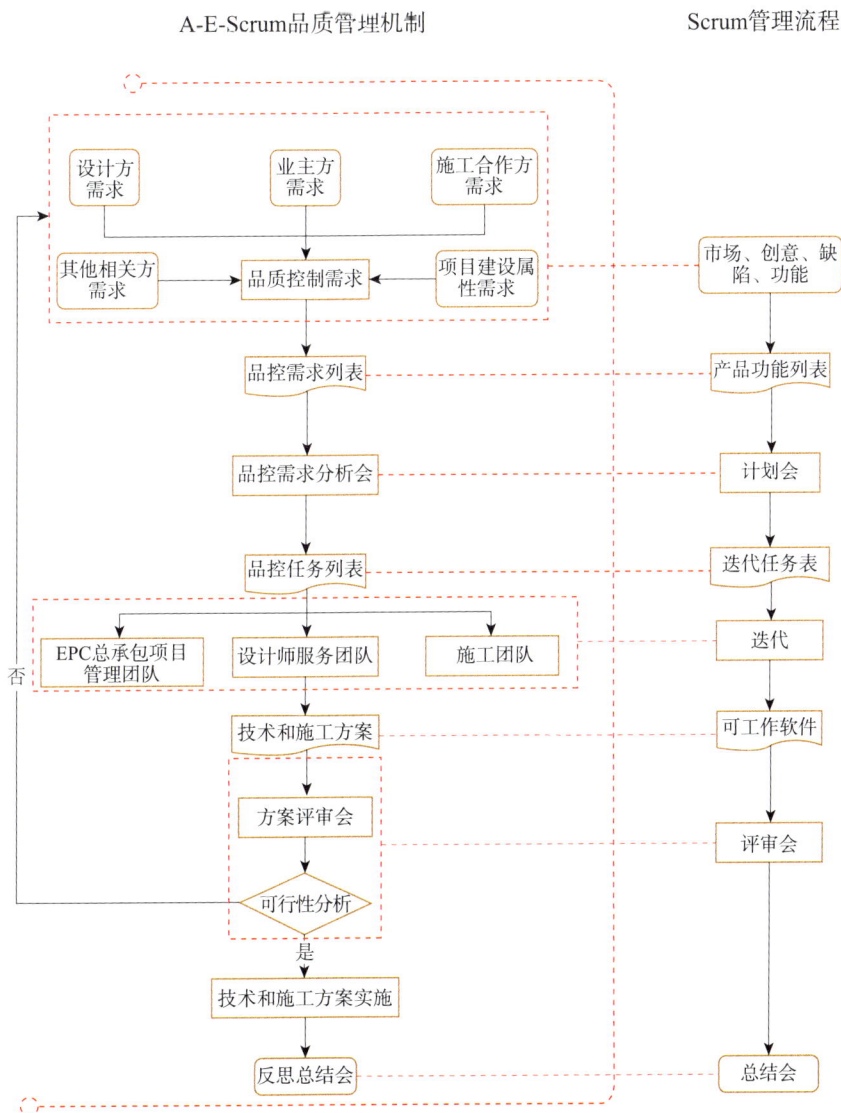

图 55　A-E-Scrum 品质管理机制图

次 Spirit（冲刺），将该调整的负面影响降到最低。具体实践步骤归结如下：

第一步，明确品质需求。根据 A-E-Scrum 品质管理机制，EPC 总承包项目经理组织绍兴市文化旅游集团有限公司、绍兴饭店、绍兴市阳明故里开发

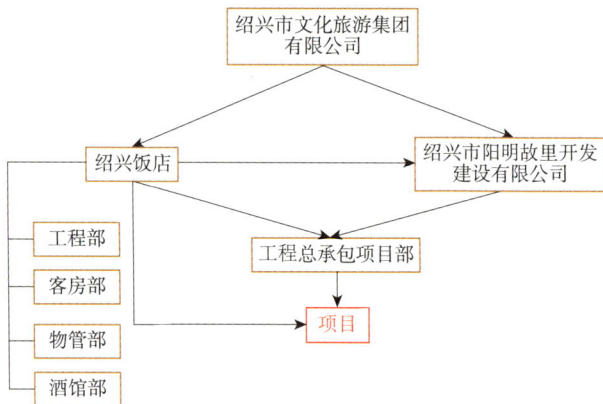

图 56　绍兴饭店业主方管理结构图

建设有限公司和设计方、施工方，召开以问题为导向的需求明确会议：中央景观区是否调整为开放式跌水景？具体功能要求有哪些？品质要求有哪些？设计方对功能调整后的品质要求有哪些？施工方对功能调整后的现场施工要求有哪些？

　　分析会通过对上述问题的讨论、研究和确定，明确品质控制需求，形成品质控制需求列表，由 EPC 总承包项目经理进行管理。

　　第二步，明确 Spirit（冲刺）目标。EPC 总承包项目经理在上述会议结束后，组织设计师和施工方技术人员召开需求分析会，具体分析品质控制需求列表。需求分析会以理解和确定业主方需求为重点，结合设计方和施工方自身品质控制要求，形成品质需求优先级排序。品质需求优先级形成后，EPC 总承包项目经理明确第一次 Spirit（冲刺）需要实现的需求目标，设计师和施工方技术人员进行第一次为期 3—4 天的 Spirit（冲刺）。EPC 总承包项目经理在该过程中负责提供支持、服务并控制进度。

　　第三步，Spirit（冲刺）和方案评审。经过 Spirit（冲刺）后形成设计方案，该设计方案的具体实施需征求业主方（使用方）认可，故在形成设计方案后，EPC 总承包项目经理组织业主方、设计方和施工方召开方案评审会，确定方案的可实施性，并再次收集需求，以便优化。

第四步，二次 Spirit（冲刺）和方案二次评审。若设计方案在第一次评审会上未全部通过，通过评审会，需求得到再次明确，后经二次 Spirit（冲刺）和方案二次评审，如此循环直到方案被认可，最终形成施工图，由施工方实施。最终确定的设计方案如图 57、图 58 所示。

第五步，反思总结会。反思总结会在最后一次方案评审会中一并召开，对设计方案确定中出现的沟通、协调、管理线路、各方配合等方面的问题进行剖析，形成项目内部的平衡，支撑后续类似问题的解决。

图 57　中央景观区效果图

图 58　中央景观区实景图

（2）大禹纪念馆项目品质管理实践

大禹纪念馆以整山理水与山体共存的自然观为设计理念，坚持秩序回归，着重九州"秩序"的缔造（九鼎与城郭）和中华民族文化的原源情结（中庭）；外立面隐喻科学理性的治水方式，建筑与水池底部相融相连，塑造自然生长的形式，营造继往开来的腾飞意象，极具历史厚重感（效果如图 59 所示），对品质管理要求极高。大禹纪念馆项目属于赶工项目，建设时恰逢 2020 年初新型冠状肺炎疫情来袭，同时因造型复杂、技术要求高、施工工艺复杂，项目进度目标和品质目标都面临巨大的压力。为了解决上述问题，保障项目各项目标的实现，EPC 总承包项目部组建攻坚小组，采取了方案评审样板化等品质管理措施。

针对上述特点，攻坚小组以 A–E–Scrum 品质管理机制为指导进行品质管理，现以建筑外立面和室内装饰装修施工为例进行分析。

第一步，组建攻坚小组。

面对造型、技术和工艺要求如此复杂的项目，项目牵头方浙大设计院在院领导和业主方的支持下快速组建以 EPC 总承包项目经理为核心的攻坚小组，

图 59　大禹纪念馆效果图

整合设计院和施工单位的主要技术优势，以"每日例会"为抓手进行品质管理，进一步加强施工准备和技术储备。攻坚小组组织架构如图 60 所示。

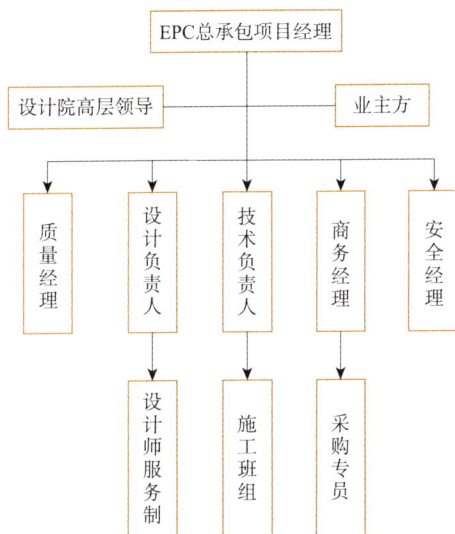

图 60　大禹纪念馆攻坚小组组织架构

第二步，实施三维度设计师服务制支撑下的 A-E-Scrum 品质管理机制。

攻坚小组在 EPC 总承包项目经理的组织下，以设计师服务制为支撑，以"日"为周期进行服务，与攻坚小组每日例会配合开展工作。

每日例会定时召开，主要议题包括：总结当日工作情况，计划次日工作内容及相应的品质控制需求，形成品质控制需求列表，讨论品质控制需求列表项的优先级，进一步形成品质控制任务列表并传递至设计负责人。

设计负责人根据品质控制任务列表的内容，安排具体服务的专业设计师，EPC 总承包项目经理组织其与技术负责人和商务经理组成 Developer（开发团队），进行第一次迭代，并形成具体的技术和施工方案以及采购计划（如有）。

第三步，样板化的方案评审会。第一次迭代成果形成后，施工班组在现场选择合适板块进行样板制作，样板制作完成后，EPC 总承包项目经理组织业主方和攻坚小组成员进行现场方案评审会，若品质呈现满足要求则进入大面积现场施工阶段，若不满足要求则进入下一轮的品控需求分析会和第二次迭代，直至品质满足要求。

第四步，经验总结。反思总结会融合于每日例会中，通常是对达到品质要求的技术和施工方案进行交底并形成具体的施工手册，以利于现场大面积施工。

通过 A-E-Scrum 品质管理的攻坚迭代，最终高品质地完成了大禹纪念馆项目（图61）。

图61 大禹纪念馆完工形象

（三）动态平衡的成本管理体系

成本管理是工程总承包项目管理工作中的核心内容，直接决定了整个项目的经济效益，是项目能否高质量履约的基本要素。工程总承包成本管理面临投资规模大、建设周期长的困难，因此成本管理风险大。成本管理不仅要考虑业主的使用功能、美观、投资等需求，还要考虑施工单位的施工工艺、施工管理、施工成本等需求。风险因素多，风险程度大，最终导致工程总承包成本控制难度难于传统工程的成本控制管理工作。绍兴 EPC 项目集群基于其文化建筑的特性，以文化传承性、特殊功能性、艺术性为设计前提，大量使用新型、非标准化、定制材料设备和复杂工艺技术，给项目的成本管理带来巨大的挑战。技术部门的人员，在只关注设计方案经济效益的同时没有注重实际操作的可行性，在保证工程质量的同时忽视了对成本资金的控制和管理。平衡建筑反对没有经济基础的天马行空（董丹申等，2021），探索科学的手段平衡好技术与经济的关系，建立动态平衡的成本管理体系。

1. 技经平衡的成本管理理念

随着工程建设的进展，成本管理在每个阶段的目标与任务均会发生变化，导致每个阶段的成本管理手段、管理方法也会发生变动。从整体建设项目角度来看，成本管理工作秉承着平衡理论中"人本为先、动态变化、多元包容"的特质。对于项目参与方众多的工程总承包项目，成本动态平衡的关键在于多元包容的特质，通过技术与经济的平衡达到以不变（整体目标导向不变）应万变（过程中成本调控变化），趋于整体可控、过程可调的成本管理状态（董丹申等，2021）。

人本为先——以满足人的需求为第一条件进行成本管理工作。绍兴 EPC 项目集群均为文化建筑，满足项目建成后的使用、参观、学习和文化交流的需求是建筑设计的首要目标，为了满足高品质、高关注、高传承的要求，成本管理除关注成本控制本身外，更应在投资范围内关注对需求的满足和引导，利用设计手段与现场技术相结合，最大化地满足业主方对项目的需求，用最合理的资源架构调控业主方的资金分配，满足业主方的投资目标。

动态变化——项目"固定参数"托底，调节"可变参数"，达到总体不变、分项均衡的成本管控状态。绍兴 EPC 项目集群实施时，建筑行业工程总承包正处于起步探索期，在此过程中《房屋建筑和市政基础设施项目工程总承包管理办法》正式出台，《建设项目工程总承包计价规范》T/CCEAS 001—2022 尚未出台，项目发包时采用对最高投标限价报下浮率的方式。招标时初步设计文件深度不足，发包人要求不够清晰明确，承包界面模糊，工作内容、建设标准不清晰，概算缺漏项多，外部环境因素不确定性高等导致投标前期成本测算与实际成本偏差大，总成本变动风险巨大。为了缓解和应对这种高变动风险，采取动态管理原则进行成本管控显得尤为重要。在成本动态管理原则下，把总目标设定为固定参数，分项成本目标设定为可变参数，通过对可变参数的动态调节，构建新的成本平衡，达到既满足业主方新的需求，又保证项目成本可控的状态，从而做到成本管理有据可依、技经平衡和风险严控。

多元包容——在建造过程中各角色的需求不同，为达到设计的建造效果而进行的成本平衡管理。业主方更关注功能需求和投资目标；设计师更关注建筑创作的艺术需求和个人职业追求；施工单位更关注施工可行性与成本效益需求。成本管理工作需要兼顾各方面的需求，充分重视建设、设计、施工、管理等多方主体的利益与诉求，以技术与经济的平衡来包容多方诉求的平衡，从而推进合同目标的达成。

成本管理的好坏在于参与管理的人，只有建立项目设计、施工、成本管理人员之间的高效沟通机制和有效激励机制，调动相关人员的设计优化与成本控制的积极性和主观能动性，才能更好地提升项目的管理水平和管理效率。满足限额设计是设计师的职责和对设计方案的底线要求。在此前提下，若设计师能钻研出品质标准不变、成本降低的方法或成本不变、品质提高的方案，且应用于项目设计中，给项目带来实质性效益的，应对参与人员进行奖励和表彰。施工技术管理人员在满足质量、安全的前提下，通过技术创新、管理增效、工艺迭代等方式降低项目成本或缩短工期的，应对相关人员进行表彰和奖励。在完善的成本管理组织架构下，对相关参与人员进行激励，可以充分调动参与人员的积极性，让技术力量更多地参与到成本管理中，解决成本管控中超目标成本的难题。

绍兴 EPC 项目集群均设有最高合同限价，并约定"送审施工图预算不得突破合同工程费用最高限价"，尽管实施过程中方案不断调整和变更，承包人仍必须按照约定的限价原则进行控价。在项目启动后、施工图设计前，成本部门根据合同条款并结合项目特点制定限额设计指标，设计部门根据限额设计指标开展施工图纸的设计工作。施工图纸初稿完成后，成本部门再次介入，编制施工图预算，并与限额指标进行对比分析，确定是否满足限额设计目标要求。若不能满足限额设计目标要求，需重新评估限额设计指标的合理性，若指标不合理，则调整限额设计指标并重新下发给设计部门；若指标合理，则需要采用方案优化、材料更换、技术创新以及施工工艺调整等方式对原施工图设计进行修改；如此多次循环，直至施工图预算控制在限额设计目标范围内。

2．技经平衡的成本管理流程

为实现合理有效的成本管理，基于技术与经济平衡原则，分别建立了项目启动阶段（图 62）与设计阶段的成本管理流程（图 63），以及成本管理动态表（表 24）。

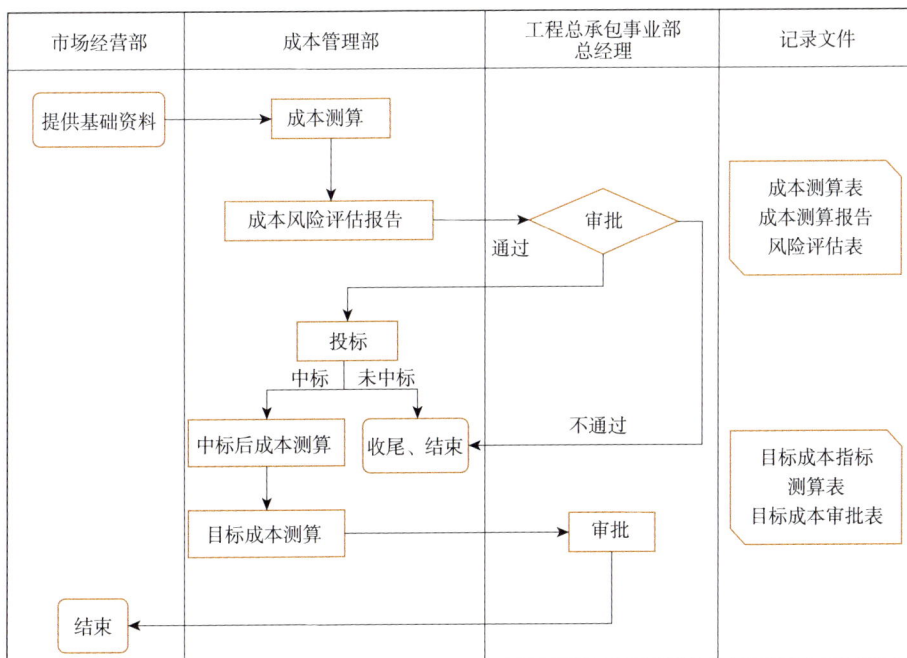

图 62　项目启动阶段成本管理流程

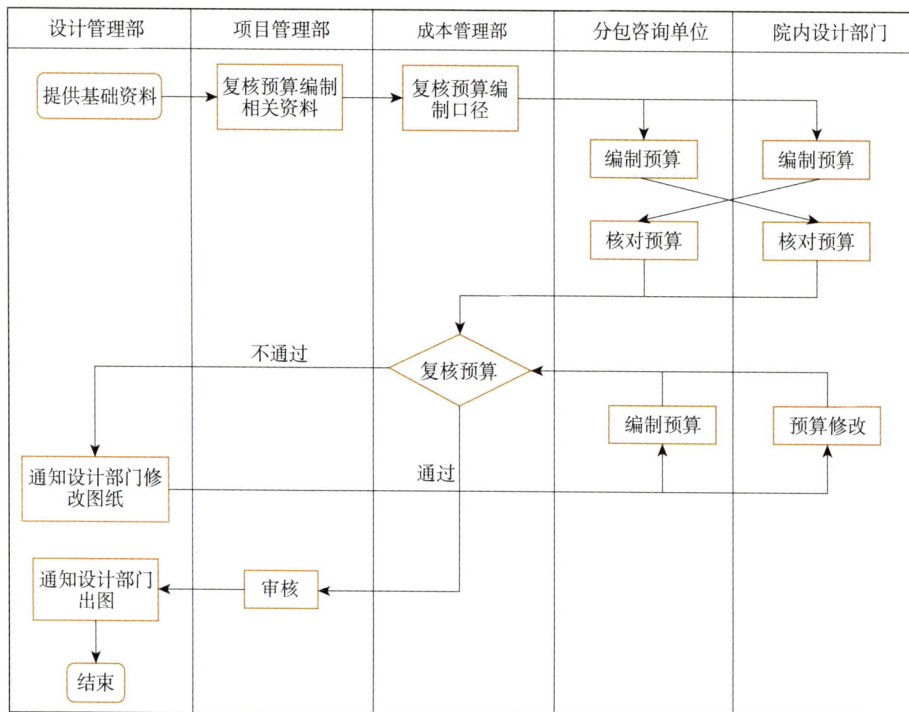

图 63 项目设计阶段成本管理流程

项目动态成本统计表（部分） 表 24

编号	成本项目	项目数量		合同目标成本		限额设计目标成本		内控预算	内控预算调整	变更或签证1	变更或签证2	……	内控预算合计
		单位	数量	单价	合价	单价	合价	①	②	③	④		①＋②＋③＋④＋……
I	主体工程费用	m²											
一	土方工程	m³											
二	桩基工程	m²											
三	基坑围护工程	m											
四	土建工程	m²											
1	地下室	m²											

续表

编号	成本项目	项目数量		合同目标成本		限额设计目标成本		内控预算	内控预算调整	变更或签证1	变更或签证2	……	内控预算合计
		单位	数量	单价	合价	单价	合价	①	②	③	④		①+②+③+④+……
2	单体 1	m²											
3	单体 2	m²											
	……												
五	外立面工程	m²											
1	地下室	m²											
2	单体 1	m²											
3	单体 2	m²											
	……												
六	装饰装修工程	m²											
1	地下室	m²											
2	单体 1	m²											
3	单体 2	m²											
	……												
七	给水排水工程	m²											
1	地下室	m²											
2	单体 1	m²											
3	单体 2	m²											
	……												
八	电气工程	m²											
1	地下室	m²											
2	单体 1	m²											
3	单体 2	m²											
	……												
九	消防工程	m²											
1	地下室	m²											
2	单体 1	m²											

续表

编号	成本项目	项目数量		合同目标成本		限额设计目标成本		内控预算	内控预算调整	变更或签证1	变更或签证2	……	内控预算合计
		单位	数量	单价	合价	单价	合价	①	②	③	④		①+②+③ +④+……
3	单体2	m²											
	……												
十	暖通工程	m²											
1	地下室	m²											
2	单体1	m²											
3	单体2	m²											
	……												
十一	智能化工程	m²											
1	地下室	m²											
2	单体1	m²											
3	单体2	m²											
	……												
十二	电梯工程	台/m²											
十三	抗震支架加固费	m²											
十四	标识标示工程	m²											
十五	变配电	kV·A											
十六	泛光照明	m²											
	……												
Ⅱ	室外工程费用												
一	道路广场	m²											
二	景观绿化	m²											
三	综合管线	m²											
四	安防监控广播	m²											
五	水景	m²											
六	围墙	m											
七	大门、岗亭	座											

续表

编号	成本项目	项目数量		合同目标成本		限额设计目标成本		内控预算	内控预算调整	变更或签证1	变更或签证2	……	内控预算合计
		单位	数量	单价	合价	单价	合价	①	②	③	④		①+②+③+④+……
八	水电等市政接口	项											
九	雕塑、小品、城市家具	项											
	……												
Ⅲ	其他												
	……												
合计	建安工程费用（Ⅰ+Ⅱ+Ⅲ）												

3. 动态平衡的成本管理案例

（1）绍兴饭店府山隐多功能厅功能调整

根据绍兴饭店改扩建提升工程（二期）EPC 项目的招标文件和初步设计文件，府山隐餐厅区域功能定位为多功能厅，在施工图设计阶段前期，业主方将该区域功能调整为日式餐厅（图 64）。因此在限额设计指标分配时，将该分项按照日式餐厅使用功能进行分配，由设计部门在限额范围内进行施工图的设计。

项目建设过程中，业主方决策将日式餐厅重新布局为多功能厅，由于土建和安装部分施工已完成，功能重新调整后，部分安装和预埋工程不得不返工重做，装饰装修工程费用也大幅度增加。既要满足业主功能的改变，又要保证投资不增加，因此需要对后续实施部分的成本费用构成进行调整。

首先，对未发生的成本进行分析，利用以往类似项目的经验，挖掘可以进行费用优化的专业，制定后续设计专业的修正限额设计目标。

图 64　原日式餐厅设计方案

其次，向设计部门相关专业设计师提出费用优化需求及目标，各专业设计师通过对施工图的技术处理、方案优化等方法进行后续设计专业优化变更。

再次，成本管理人员对设计变更进行核算，与修正目标进行对比分析。以此类推、循环往复。

最后，本项目通过泛光照明和景观设计优化节约的费用平衡餐厅功能变更增加的费用（图 65）。"人本为先，动态变化，多元包容"的理念和强履约意识赢得了业主方及政府主管部门对本项目工程总承包服务的高度认可。

（2）徐渭艺术馆玻璃幕墙选型

徐渭艺术馆是青藤书屋周边综合保护项目 EPC 总承包项目的核心建筑，以大尺度空间设计为代表，极具特色。因其空间感要求高，建筑形态特点鲜明，需要大量的非标准化材料和定制材料，其中，最典型的是徐渭艺术馆南立面主入口的全玻璃幕墙。该区域全玻璃幕墙的品质控制对整个建筑效果起到画龙点睛的作用，将徐渭艺术馆建设中"人本为先，动态变化，多方

（a）多功能厅设计方案（发布会模式）

（b）多功能厅设计方案（宴会模式）

（c）多功能厅设计方案（展览模式）

图 65　新餐厅设计方案

包容"的理念体现得淋漓尽致。

设计之初，业主方、施工方与设计院对该幕墙的看法不一致。本项目的外立面设计为钛锌板、高档石材和玻璃幕墙的组合形式，设计师结合设计创意，对该区域幕墙提出纯净、通透、尽可能留白的精细化要求，设计采用最大宽度 1.66m，最大高度 13.4m，最大面积 17.6m² 的净透超白一体成型工艺玻璃板。设计院认为该区域效果是虚实并存中"虚"的最精华体现，是表达"计白当黑"设计理念的重点所在，也是该方案的设计要点。

业主方作为出资方和后期运营维护的责任方，从节约成本、使用安全和维护方便三个方面考虑，认为该全玻璃幕墙存在过度设计情形，要求设计采用传统的小块玻璃拼接的方式，降低成本和安全风险并方便后期维修。施工方认为超大玻璃存在采购成本过高、安全自爆风险大、安装工艺复杂等缺点，建议采用小块拼接的方式进行施工。图 66 为徐渭艺术馆建筑幕墙效果图。图 67 为徐渭艺术馆幕墙物理特性（尺寸与透光性）。

图 66　徐渭艺术馆建筑幕墙效果图

图 67　徐渭艺术馆幕墙物理特性（尺寸与透光性）

　　徐渭艺术馆是对建筑艺术效果要求高的代表性文化艺术类展馆项目。针对主要参建方需求不统一的问题，浙大设计院在 EPC 总承包项目经理的组织协调下，进行成本平衡和技术辅导，尽量满足和平衡各方需求，以缓解或消除业主方和施工方的疑虑，达成需求统一。当时，国外玻璃企业可以生产一体玻璃板的最大高度约 20m，国内企业可以生产一体玻璃板的最大高度为 18m，而且国内仅有三家玻璃生产企业具备超大玻璃原片生产能力，具备 80% 以上透光率的超白玻璃生产能力的企业仅有两家。另外，本项目玻璃幕墙使用的玻璃还需要进行 14M 玻璃镀膜和钢化以及 6M 以上玻璃弯弧，浙江省内的玻璃加工企业根本不具备这样的生产能力。非传统玻璃材料市场供应的缺乏增加了采购困难，直接导致采购成本大幅度增加，使项目出现总成本不可控的风险。在限额设计指标制定时，既要尊重设计师的设计理念，又要保证不超过业主方的投资限额，还需要确保施工方的施工便利，控制施工成本。为此，成本管理人员与设计师、施工方和潜在供应商进行了大量的沟通。

首先，将部分非关键部位的超大规格玻璃幕墙改为传统规格玻璃幕墙，以超大规格玻璃幕墙小规模的体量比例去实现建筑效果上的点缀和飞跃，通过调节不同规格玻璃幕墙的体量比例来平衡和控制幕墙成本，如图 66 所示。徐渭艺术馆玻璃幕墙总工程量为 7032m²，超大规格玻璃幕墙工程量为 490m²，仅占玻璃幕墙总工程量的 6.5%。最终，本项目的外立面确定为钛锌板、高档石材和玻璃幕墙的组合形式，外立面幕墙造价为 1543.4 万元，单位面积造价为 1859.67 元 /m²，幕墙的单方造价略低于国内中高档文化艺术类展馆的外立面幕墙造价水平，这样既保证了建筑效果，又有效控制了项目成本。

其次，针对施工方担心的玻璃自爆率问题，比较了超白玻璃和普通均质玻璃的物理性能，选择自爆率为万分之一的超白玻璃，并采用具有防坠落性能的 SGP 离子性中间膜的双保险控制措施，降低了施工方的安全风险和安装风险，提高了幕墙的安全性能。

最后，经过广泛调研了解到，全玻璃幕墙系统维护与常规玻璃幕墙一致，只要按照玻璃幕墙维护保养管理规范或技术标准进行维护保养即可满足要求，同时向业主方做出以下两点承诺：一是玻璃幕墙质量保修期延长 3 个月，二是在质量保修期内由设计院组织定期检查与回访，及时发现质量隐患并排除。

通过以上方面的努力，在业主方投资未增加的情况下，既保证了建筑设计的效果，又解决了施工方担心的安全和成本问题，同时消除了业主方对后期维护的顾虑，从而达成"多方包容"的实践效果。事实上，在项目建成对公众开放后，一经亮相就成为老百姓津津乐道的网红打卡点，全国各地的游客纷纷慕名前来，项目的设计方案在国际建筑舞台上斩获了无数大奖和赞誉。图 68 为徐渭艺术馆实景图。

图 68　徐渭艺术馆实景图

（四）强执行的现场管理制度

EPC 总承包项目管理点多面广，管理压力巨大，现场管理作为项目建设的主阵地，面临人员庞杂、物资量大、环境复杂、风险点多等困难，必须在人员管理、设备管理、质量管理、进度管理、安全管理、环境保护等各方面建立和执行可靠的管理方案。浙大设计院以 PDCA 循环理论构建管理制度，以走访、巡视为主要监督方式，并辅以日常管理手段。

1. PDCA 现场管理机制

（1）PDCA 循环的内涵

PDCA 循环是一个持续改进模型，它包括持续改进与不断学习的四个循环反复的阶段，即计划（Plan）、执行（Do）、检查（Check）、处理（Act），其具体含义如下（万融等，2022）：

P（Plan）计划，包括方针和目标的确定以及活动规划的制定。

D（Do）执行，根据已知的信息设计具体的方法、方案和计划布局，然后进行具体运作，实现计划内容。

C（Check）检查，总结计划执行结果，明确效果，找出问题。

A（Act）处理，对总结检查的结果进行处理，对成功的经验加以肯定，并予以标准化；对于失败的教训也要总结，引起重视；对于没有解决的问题，应提交给下一个 PDCA 循环中解决。

以上四个过程不是运行一次就结束，而是周而复始地进行，一个循环完了，解决一些问题，未解决的问题进入下一个循环，实现阶梯式上升。

（2）现场管理机制构建

现场管理主要以质量管理、安全管理和进度管理为主线，实行 PDCA 循环的根本目的是实现工程项目管理过程的科学化和规范化。PDCA 循环将现场管理过程分为相互连接的四个环节，分别为 P 阶段（计划阶段）、D 阶段（执行阶段）、C 阶段（检查阶段）、A 阶段（处理阶段）。

计划阶段（P）。在项目实施前，项目负责人应该对项目有一个整体规划，包括项目的质量、进度、费用、安全以及环境等方面，及时发现工程管理中可能存在的问题，并积极分析问题产生的原因、环节和部门。工程项目涉及的因素往往是多方面的，应该分清主次，明确主要原因、次要原因和一般原因，然后将重点放在主要因素上，从而控制全局。

执行阶段（D）。执行阶段是将计划目标及解决措施付诸实践的项目实施阶段，是 PDCA 循环应用于工程项目管理过程中的核心阶段。执行计划的过程中，相关负责人要做好监督工作，关注项目实施层面，严格监管并做好人员考核工作。可以通过定期检查、巡视走访、主管测评等方式来保证项目按照计划顺利实施。

检查阶段（C）。这一阶段应对工程是否达到预期目标进行检查。在检查过程中应该关注方案的有效性、目标的可行性等，对采取的策略和产生的效果进行比较总结，分析是否达到预期效果以便及时整改。

处理阶段（A）。处理阶段在整个循环中起着承上启下的作用，它既是上一轮循环的结束，又是下一轮循环的开始，这一阶段质量是否达标直接影响管理循环的顺利进行。在处理阶段中对检查所得的结果做好进度偏差、工作时差以及后续工作的影响等方面的分析，及时采取措施弥补不足，完善工程管理的制度，加强过程的控制管理。

根据 PDCA 循环及其制度构建的思想，对绍兴 EPC 项目集群的质量、安全和进度等制定现场管理模型（图 69）。

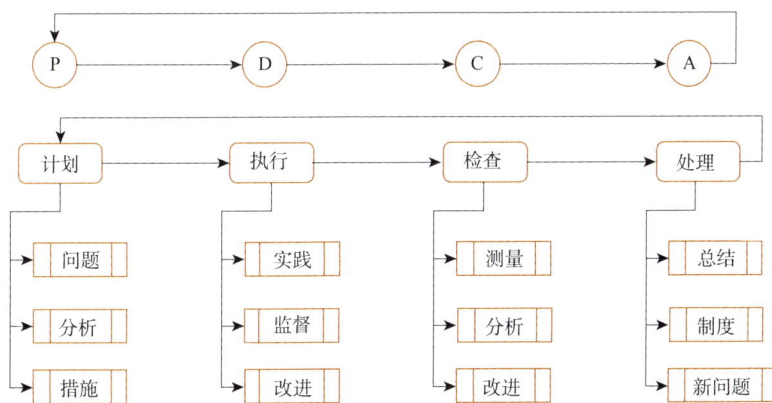

图 69 现场管理模型

2. 现场管理案例

绍兴 EPC 项目集群现场管理遵循上述现场管理制度模型，结合公司层面的走访和巡视开展实际工作，具体实践如下。

（1）质量与安全管理

现场管理团队负责项目现场的质量与安全管理工作，在工程管理过程中收集资料、整理归档。相关文件包括质量控制文件（表 25）与安全控制文件（表 26）。

浙大设计院工程总承包事业部质安健环部负责制定项目质量、安全实施规范和标准，定期组织 EPC 总承包项目质量安全联合大检查。

133

质量控制文件列表（部分） 表 25

文件名称	文件类型	资料收取途径	归档时段
质量安全整改通知单	★	现场管理团队	工程管理过程中
质量监督申请表 / 通知书			
第三方材料检测报告	▲		
质量验收合格记录			
质量事故报告及处理资料	▲		
《质量保修书》及其回函			

注："★"为必须归档的文件，"▲"为若有则必须归档的文件。

安全控制文件列表（部分） 表 26

文件名称	文件类型	资料收取途径	归档时段
危险性较大的分部分项工程报审表		现场管理团队	工程管理过程中
安全生产责任书	★		
安全生产管理制度	▲		
安全生产实施计划	▲		
安全技术交底	★		
安全生产教育培训			
安全专题会议纪要	▲		
安全检查记录			
消防演练			
应急预案			

注："★"为必须归档的文件，"▲"为若有则必须归档的文件。

　　首先，质安健环部组织并编写 EPC 总承包项目安全检查表，制定安全检查各项目得分及排名标准。检查及排名标准以打分表形式呈现，包含内业资料部分与现场外业（实体）部分。现场管理团队以 EPC 总承包项目安全检查表为依据，将各项要求与精神下达给现场各专业负责人，并督促落实。

　　其次，质安健环部组建专项质量安全检查小组（一般由 1 名组长、4—6 名成员组成），赴项目现场按照 EPC 总承包项目安全检查表内专项内容一一进行核查与记录，并拍照留档（图 70）。

落地式脚手架未设置剪刀撑、脚手架外侧未用密目网全封闭

上方开挖过深周边缺少警示标识

脚手架扫地杆不连续

临边围护围挡未封闭

图 70 项目质量安全大检查现场存档照片

再次，质安健环部核查汇总内业资料与外业检查结果，出具检查结论与问题汇总文件。现场管理团队在收到检查结论与问题汇总文件后，进行梳理与总结，制作相关问题整改通知单，要求施工单位限期整改。

最后，现场管理团队监督施工单位落实完成整改工作，编制整改回复单给质安健环部。对现场整改不到位的，质安健环部与项目管理团队有权要求施工单位继续整改落实；若现场整改完成，则留档记录，形成回档资料。

（2）进度管理

现场管理团队负责项目现场施工的进度管理工作。在项目或某阶段工作开始前，现场管理团队制定可行的进度计划，定期（一般以天、周为节点）比较实际进度与计划进度的差异，若某项工作产生明显滞后，需迅速查找滞

135

后原因，必要时召开项目推进会议，疏通相应的重点和难点。下面以青藤书屋师爷文化馆展陈专业施工阶段的进度管理实践为例进行分析。

师爷文化馆定于2021年10月1日正式营业，尽管受前期各种原因进度滞后影响，项目业主方明确要求原定开馆时间不得调整。根据现场施工条件，8月10日展陈专业才具备进场条件，刨除现场清理及竣工验收所需时间，展陈专业施工周期被压缩至一个月左右，任务十分艰巨。为圆满完成该项任务，项目管理团队邀请各参建方主要领导共同成立了“展陈施工进度管理专项”小组，负责统一协调赶工期内的管理工作。

展陈专业施工内容包括合同签订、设计深化等施工前期工作，分部分项施工中期工作，保洁、验收等施工后期工作。项目管理团队组织制定展陈专业施工进度计划表（图71），绘制进度计划横道图，并对难点和关键点进行重点标注。

	总施工进度计划												表单编码 F-ZS-GG				
项目名称：青藤书屋师爷文化馆项目													原进度计划编制日期：2021年8月11日				
序号	分部分项工程名称	工程量	持续时间	开始时间	完成时间	前置工作	总包、业主配合节点	（8）月					（9）月				
								1	7	14	21	28	1	7	14	21	28
施工前期工作																	
外部																	
1	合同签订	100%															
2	方案深化确认	100%			2021.08.21	业主签字确认	业主21号前方案签字确认										
3	施工图深化及预算制作	100%	7	2021.08.14	2021.08.21	方案已确认	浙大图纸审核业主盖章										
4	材料样品确认	100%	16	2021.08.05	2021.08.21												
施工中期工作																	
天花工程																	
1	吊顶龙骨安装	100%	24	2021.08.08	2021.09.01	图纸已确认	暖通消防8月21号前配合调到位										
2	灯带、风口安装	100%	23	2021.08.10	2021.09.02	图纸已确认											
3	工作灯具安装	100%	23	2021.08.20	2021.09.12	图纸已确认	消防应急灯、烟感8月19号前完成										
4	封板、铝方通安装	100%	33	2021.08.10	2021.09.12	图纸已确认	西面钢过道9月1日前完成										
5	油漆涂刷	100%	43	2021.08.10	2021.09.22	图纸已确认											
墙面工程																	
1	放线	100%	11	2021.08.05	2021.08.15	图纸已确认											
2	龙骨隔墙安装	100%	15	2021.08.01	2021.08.15	图纸已确认	幕墙玻璃上下封口8月20日前完成										
3	封基层板	100%	11	2021.08.10	2021.08.20	图纸已确认											
4	墙面减光膜	100%	11	2021.08.25	2021.09.05	图纸已确认											
5	墙面黑镜安装	100%	7	2021.08.31	2021.09.06	图纸已确认											
6	墙面夹胶玻璃安装	100%	15	2021.08.31	2021.09.14	图纸已确认											
7	烤漆铝板安装	100%	7	2021.09.16	2021.09.22	图纸已确认											
8	墙面宣绒布喷绘	100%	41	2021.08.15	2021.09.25	图纸已确认											
9	油漆涂刷、艺术涂料肌理效果制作	100%	38	2021.08.15	2021.09.22	图纸已确认											

图71　展陈专业施工进度计划表（部分）

师爷文化馆展陈专业进度管理以匀速进展横道图为基准开展。"展陈施工进度管理专项"小组配置 2 名进度管理专员，每天旁站监督展陈专业施工，并就每天的实际施工进度与计划进度进行对比，形成进度对比表（图 72）。

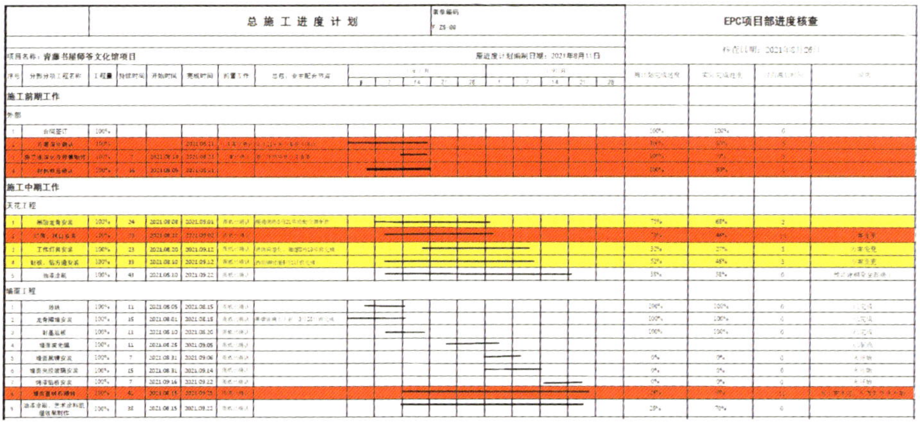

图 72　展陈专业施工进度对比表（部分）

根据展陈专业施工进度对比表，可以确定每天的施工进度及部分分项的延迟时间，判断对总进度计划的影响，据此找出关键影响因素，并在展陈专业进度协调会议上讨论纠偏措施。进度协调会议邀请建设单位、监理团队、审计单位、EPC 总承包单位及展陈分包单位在内的各参与方具有事务决策权的领导参加，以便推进落实各项工作。

经过精确到日进度的 PDCA 管理循环，精细的目标管理和纠偏措施为展陈专业施工赶工营造了"大干快上"的工作氛围，为保障师爷文化馆 2021 年国庆节正式开馆发挥了重要的作用。

六、
绍兴 EPC 项目集群管理技术创新与实践

开展工程总承包业务需要具备五项基本能力：设计管理能力、采购能力、资源整合能力、计划管控能力和专业管理能力。相较于施工单位，设计院的专业管理能力、资源整合能力与计划管控能力较弱，特别是集群项目管理，更需要全面协调多个项目的资源。为了弥补设计院的不足之处，并充分发挥设计院的设计管理能力、采购能力等特点，浙大设计院通过自建信息管理系统，利用 BIM 技术，引入智慧工地于绍兴 EPC 项目集群管理中。

（一）UAD-EPC 信息管理系统

《2011—2015 年建筑业信息化发展纲要》指出，建筑业信息化的主要任务是优化工程总承包项目信息化管理，提升集成应用水平；推进"互联网+"协同工作模式，实现全过程信息化。为了积极响应国家、行业以及浙大设计院数字化、信息化的发展趋势，工程总承包事业部于 2020 年开始探索 EPC 总承包信息管理系统的建设与发展之路。经过前期招标、顶层设计、系统开发、后期调试与修改，委托第三方公司定制、开发了 UAD-EPC 信息管理系统。

1. UAD-EPC 信息管理系统简介

UAD-EPC 信息管理系统集 OA 系统和项目管理系统两个操作平台于一体，与手机端的小程序同步，兼备了工程总承包事业部日常管理、工程管理以及重点项目跟踪监测和展示功能，为浙大设计院工程管理模式向数字化、信息化、移动化的转型提供了平台。UAD-EPC 信息管理系统具备公司简介 / 工程总承包事业部介绍、日常通知、个人中心、流程中心、资料管理和项目管理六大模块，如图 73、图 74 所示。

个人中心

公司简介　　　　**日常通知**

流程中心

项目一　　　　**项目二**　　　　**项目三**　　　　**项目四**

图 73　UAD-EPC 信息管理系统首页模块图

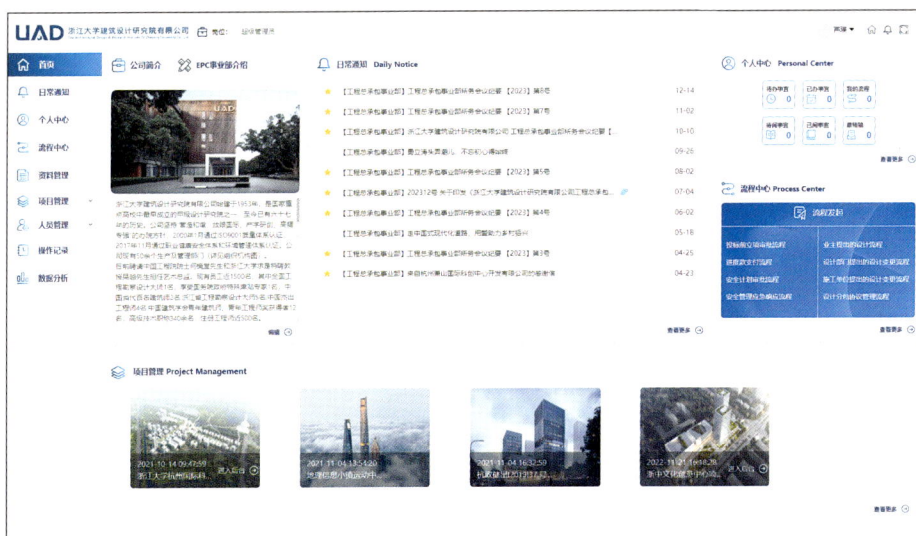

图 74　UAD-EPC 信息管理系统首页

其中，流程中心模块结合了浙大设计院 OA 系统、财务系统原有的流程，梳理、开发了与工程总承包事业部管理、运营相关的若干新流程，内容涵盖市场运营、设计管理、财务管理与安全管理（图 75）。安全管理作为工程管理工作

图 75　UAD-EPC 信息管理系统流程面板

的重中之重，流程中心增加了"安全管理"子模块，设置了安全计划和应急预案审批流程，加强项目全过程的安全管理。设计管理是 EPC 总承包项目管理的重点，通过规范设计变更流程、严格控制设计变更审批，减少设计变更带来的损失，在确保工程质量的同时控制工程造价，防止项目超限额的发生（图 76）。

　　由于 EPC 总承包项目工期长，项目全过程可以划分为工程准备阶段、设计阶段、总承包管理阶段、竣工验收阶段。作为工程总承包单位，资料管理贯穿于项目的全过程，因此，工程总承包事业部编制了《工程总承包事业部文件归档管理规定（试行）》，明确了需要存档的资料清单（表 27），设置了资料管理模块的文件夹及子文件夹，便于工程资料的归档与管理（图 77、图 78）。资料管理工作落实到具体部门，确保数据收集、上传及时、管理有条不紊地进行，为实现工程总承包项目全过程资料管理的规范化、统一化奠定了基础。

2. UAD-EPC 信息管理系统应用效果

　　UAD-EPC 信息管理系统建设意义重大，充分实现了项目管理的流程化、可视化和便捷化。

图 76　设计变更审批流程

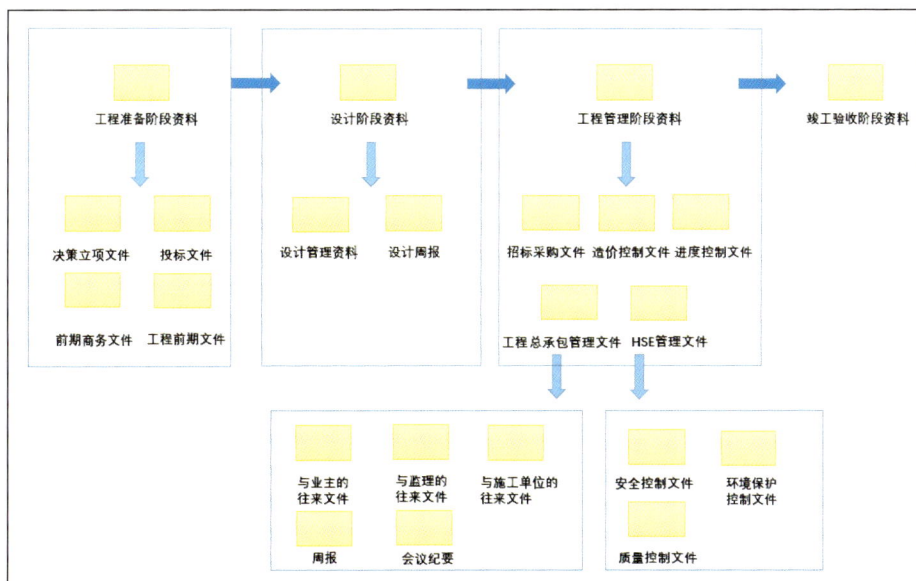

图 77　UAD-EPC 信息管理系统资料管理设计图

表27

工程总承包事业部资料管理清单（部分）

工程资料类别	文件类别	列举文件名称	文件类型	资料收取途径	是否纸质	工程资料归档时间			
						投标结束后	总包合同签订后	分包合同签订后	工程管理过程中
A类 工程准备阶段资料	A1类 决策立项文件	项目综合评估报告	☆	市场经营部					
		立项审批表	☆	市场经营部					
		合作备忘录	☆	市场经营部	是	√			
		联合体协议书	▲	市场经营部	是	√			
		设计分包协议	▲	设计管理部	是	√			
	A2类 招标投标及合同文件	投标文件	☆	市场经营部		√	√		
		总包合同	☆	市场经营部			√		
	A3类 工程前期文件	可行性研究报告批复	▲	项目管理部					√
		建设工程规划许可证	☆	项目管理部					√
		方案批复	▲	项目管理部					√
		初步/专项设计审查合格书	☆	项目管理部					√
		施工图审查合格书	☆	项目管理部					√
		施工许可证	☆	项目管理部					√
		开工报告	▲	项目管理部					√

注："★"为必须归档的文件，"▲"为若有则必须归档的文件。

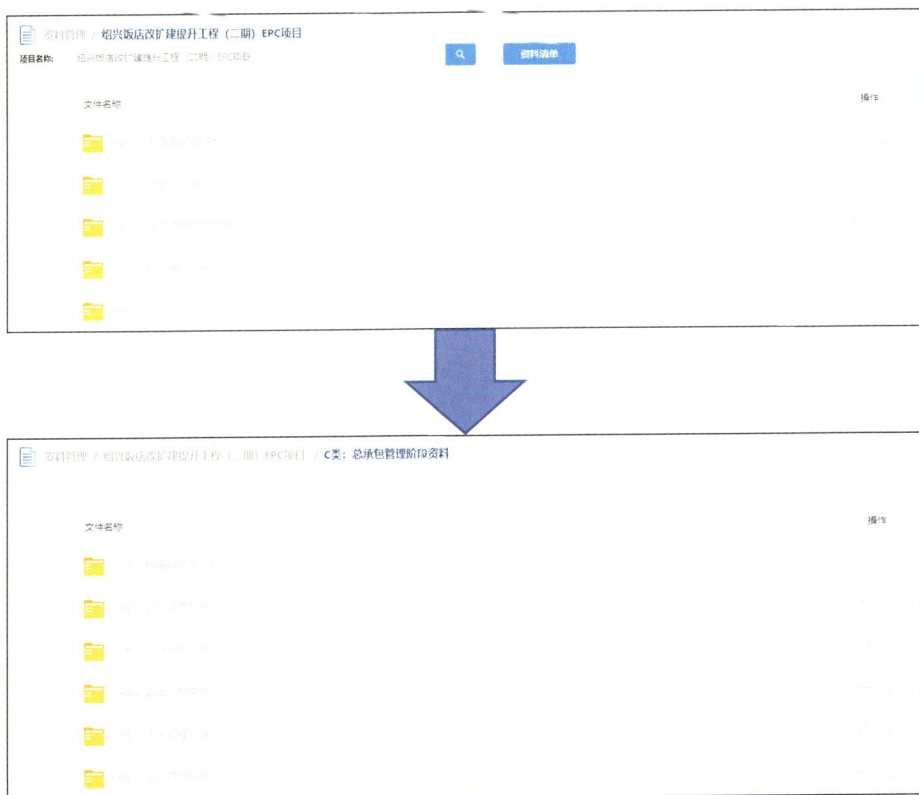

图 78　UAD-EPC 信息管理系统资料管理架构

（1）流程化。信息化平台为工程总承包项目管理提供了抓手，例如，设计部门或者业主方提出的设计变更，需要在系统上发起流程，经过设计管理、成本管理、项目经理的多方评估，明确变更责任，确保不出现费用超限情况（图 79）。同时，通过对项目全过程资料的归档，督促项目经理规范管理手段，保留管理痕迹，尤其是在质量、安全等重要方面，增强管理意识，提高管理水平。

（2）可视化。UAD-EPC 信息管理系统的建设使工程管理的过程和结果更加直观，增强了管理成果的可视化。项目管理模块展示了由工程总承包事业部承揽、管理的重点项目，包含工程概况、设计管理、进度管理、安全管理、质

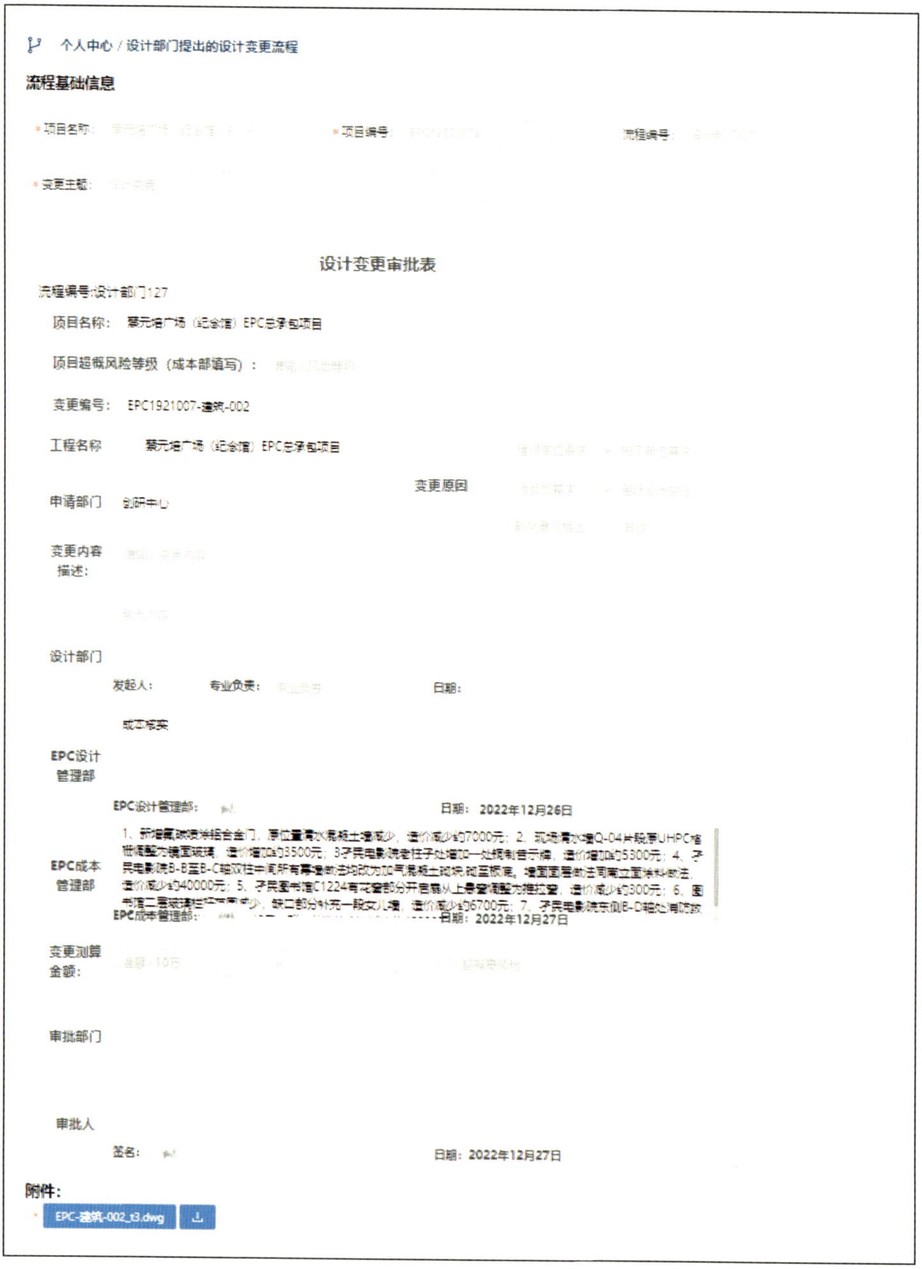

（a）设计变更审批表

图 79　设计变更流程

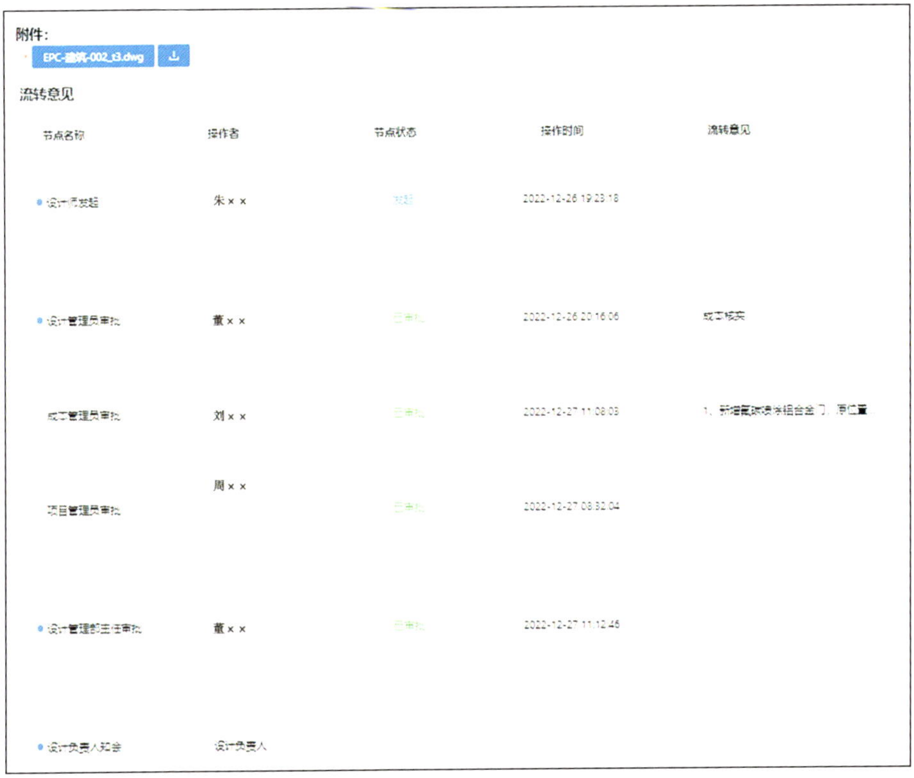
附件：

EPC-建筑-002_t3.dwg

流转意见

节点名称	操作者	节点状态	操作时间	流转意见
设计师发起	朱 × ×	发起	2022-12-26 19:23:18	
设计管理员审批	董 × ×	已审批	2022-12-26 20:16:06	成本核实
成本管理员审批	刘 × ×	已审批	2022-12-27 11:08:03	1、新增氟碳喷涂铝合金门，原位置…
项目管理员审批	周 × ×	已审批	2022-12-27 08:32:04	
设计管理部主任审批	董 × ×	已审批	2022-12-27 11:12:46	
设计负责人知会	设计负责人			

（b）设计变更审批流转单

图 79　设计变更流程（续）

量管理、成本管理与 BIM 展示七大模块（图 80）。项目展示大屏上，通过连接现场的摄像头和扬尘设备，可以远程、直观地看到施工现场的进展、环境监测数据，显示工程设计、施工进度与计划的对比、安全和质量问题的整改情况、成本管理的数据分析以及 BIM 展示等。例如，系统显示了不同时间节点的实际收款与实际付款、计划收款与计划付款的对比，以图表的形式直观地展现出来。同时，在项目竣工后，大屏上展示出“限额设计单价”与“实际设计单价”的对比，概算、预算、结算“三算”数据的对比，各专业的成本一目了然，可以为同类型项目的造价提供参考。

“BIM 展示”展示了 BIM 模型的视频、模型以及不同场景下 BIM 模型的

（a）UAD-EPC 信息管理系统项目管理页面

（b）UAD-EPC 信息管理系统设计管理页面

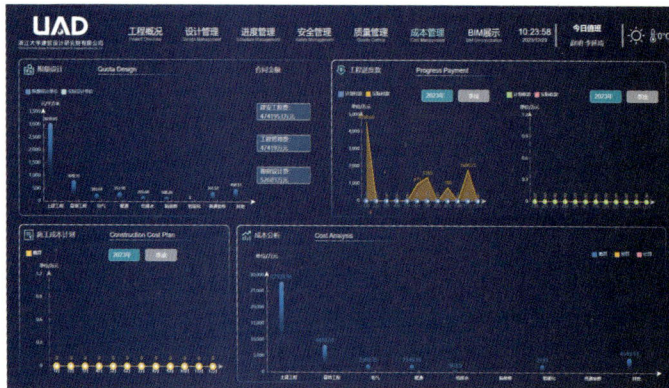

（c）UAD-EPC 信息管理系统成本管理大屏

图 80　UAD-EPC 信息管理系统展示

（d）UAD–EPC 信息管理系统 BIM 展示
图 80　UAD–EPC 信息管理系统展示（续）

图片。BIM 网页端浏览已实现多项功能，可通过网页端实时查看 BIM 模型，了解项目的进展情况，有利于进一步的信息交流和决策。通过与 BIM 模型进行交互（如标注、测量、注释等），促进项目团队成员之间的沟通，提高工作效率，协作效果显著。

（3）便捷化。为适应移动办公的需要，UAD–EPC 信息管理系统同步开发了"浙大 EPC"小程序（图 81），实现了发布、接收通知、审批流程、查看资料、查询项目信息等功能，工程总承包事业部的员工可以随时登录小程序，查找与项目有关的信息和资料，大大提高了工作效率。

（二）BIM 技术应用

BIM（Building Information Modeling，建筑信息模型），学术界虽然对 BIM 的概念没有一致性的权威解释，但普遍认为 BIM 是指在建设工程及设施全生命周期内，对其物理和功能特性进行数字化表达，并依此设计、施工、运营

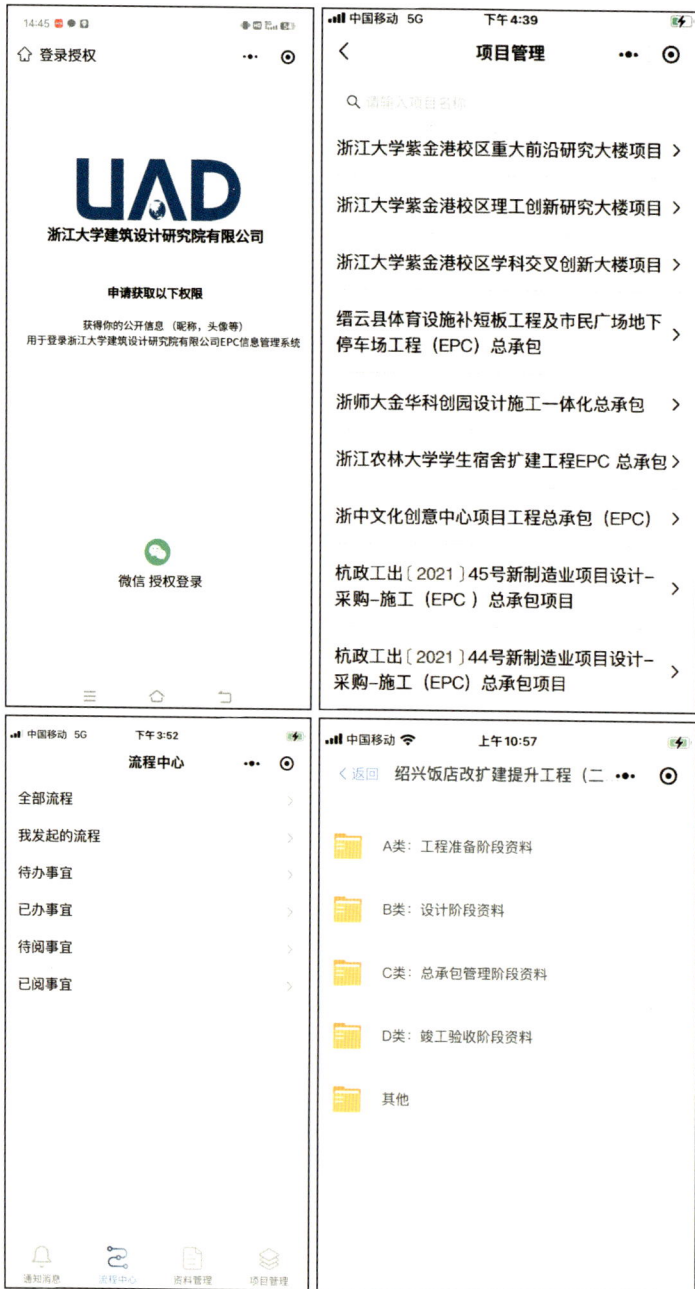

图81 "浙大 EPC"小程序页面

的过程和结果的总称，是在建设项目的规划、设计、施工和运维过程中进行数据共享、优化、协同与管理的技术和方法。

应用 BIM 三维数字化技术，能够真实地反映建筑物的各项细节。在设计阶段，有利于设计人员做好协同工作，提前暴露设计问题，提高设计精度，保证设计质量。在施工阶段，通过 BIM 技术的精细化管理，有效理解设计意图，合理控制进度，减少资源浪费。通过全过程 BIM 技术应用，保证 BIM 模型在设计、施工过程中信息的延续性和完整性，形成可靠的数据资产，为竣工后的项目 BIM 运维管理提供实施条件，实现"一模到底"。随着技术的不断提升，智能建造逐渐替代传统模式，依托 BIM 技术，构建基于智能建造的建筑工业化发展模式，并将其运用于 EPC 总承包工程项目中。

绍兴 EPC 项目集群采用以 Revit 软件为主，多软件联合作业模式进行 BIM 技术应用，绍兴饭店改扩建提升工程（二期）EPC 项目通过模型完成采光仿真分析、风环境分析，成本核算。

1. 建筑性能分析

BIM 性能分析主要内容为风环境分析、采光分析、日照分析。通过 BIM 模型，可以实现精准而全面的性能分析，为设备与材料的选型提供了数据参照，从而优化建筑方案，提高建筑性能、效率和可持续性。利用 BIM 模型提取疏散相关信息，并结合疏散模拟分析软件，可以清晰地观察和分析人员在建筑内的疏散过程。这种分析方法对于建筑施工过程中应对意外情况、采取紧急避险措施具有重要的指导意义。运用风环境模拟软件，对室外环境进行分析，避免建筑局部形成强风，使行人举步维艰或卷刮物体而对人员、财产造成伤害，从而提升建筑使用舒适度。

绍兴饭店改扩建提升工程（二期）EPC 项目通过模型完成了采光仿真分析、风环境分析，并分析判定各功能空间的采光是否满足《建筑采光设计标准》GB 50033—2013 及《办公建筑设计标准》JGJ/T 67—2019 等规范要求。

通过数据可视化的特点，辅助设计人员做好方案调整（图82）。

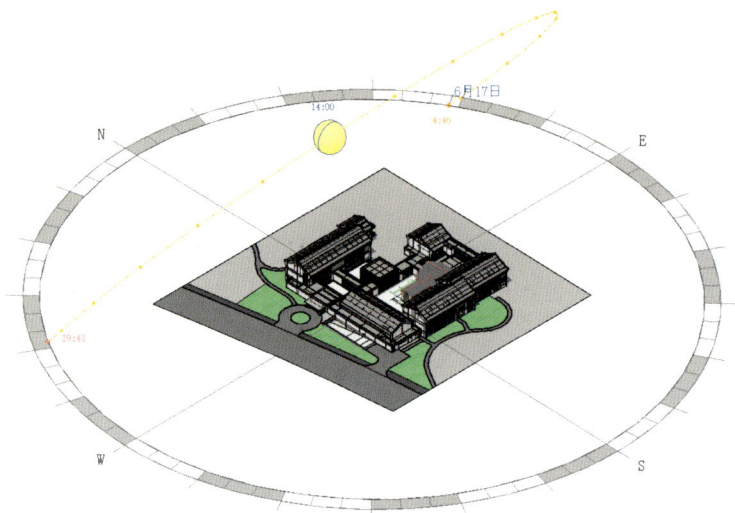

图 82　绍兴饭店日照分析

2. 三维协同设计

传统设计模式中，各专业分别进行平面二维设计，由于沟通协调率低，容易造成各专业图纸产生碰撞、漏缺、错误等问题。现在各专业可以通过运用 BIM 技术在同一平台上分别建立自己的模型设计，有效地将建筑、结构、机电、设备等专业协同起来，减少信息断层。

绍兴 EPC 项目集群通过 BIM 平台软件，搭建协同设计框架，在 Revit 软件中采用分模块、多人协作的工作方式。绍兴文理学院扩建工程——一期工程、蔡元培广场（纪念馆）EPC 总承包项目的建筑团队以工作集形式进行分工，通过划分工作集，为各设计人员分配权限，使全体设计人员能够高效、科学地完成各自的任务（图83）。

各专业参与方之间进行协同工作，共同管理和交流项目信息，实现跨专业的数据和信息整合。这种协作和协调的方式有助于优化项目的设计、施工

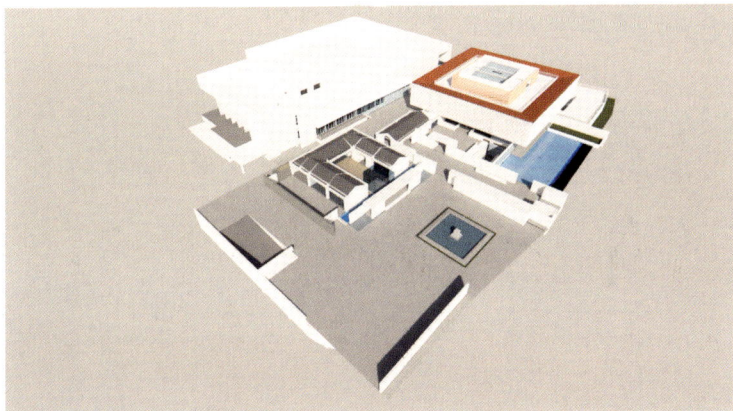

（a）蔡元培广场（纪念馆）建筑模型

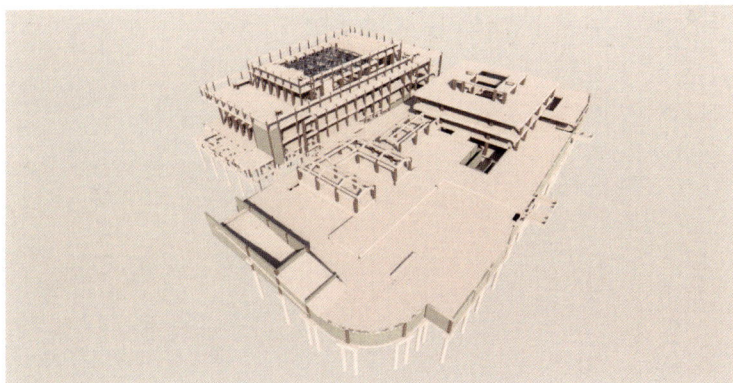

（b）蔡元培广场（纪念馆）结构模型

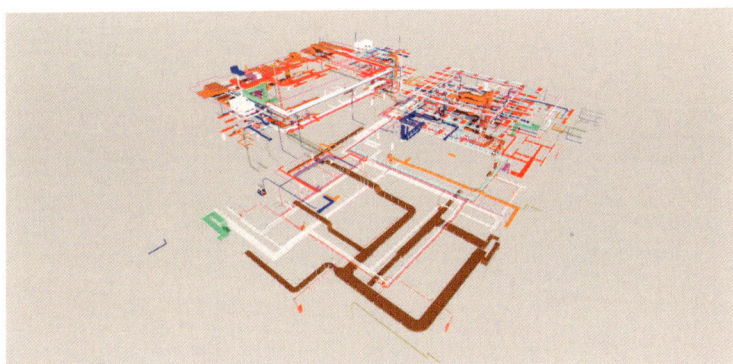

（c）蔡元培广场（纪念馆）机电模型

图 83　蔡元培广场（纪念馆）BIM 模型

和运营过程，如图 84 所示；同时实现了各专业数据和信息的集成及共享，消除了信息孤岛问题；通过冲突检测工具及早发现和解决不同专业之间的冲突，减少工期延误和成本增加；帮助各专业参与方有效管理变更，进行影响评估，减少成本和延误。

其中，蔡元培广场（纪念馆）EPC 总承包项目检查出土建问题 26 项，机电问题 47 项，包括建筑建构不一致、标注冲突、不同专业管线冲突、结构冲突、净高不满足、管线与精装修布置冲突等，节约工期 34d，节约成本约 34 万元。青藤书屋周边综合保护项目 EPC 总承包项目共发现问题 48 项，节约工期 26d，节约成本约 27 万元。浙东运河文化园（浙东运河博物馆）建设工程——建筑工程 EPC 总承包项目共检查出问题 62 项，节约工期 10d，节约成本约 20 万元。

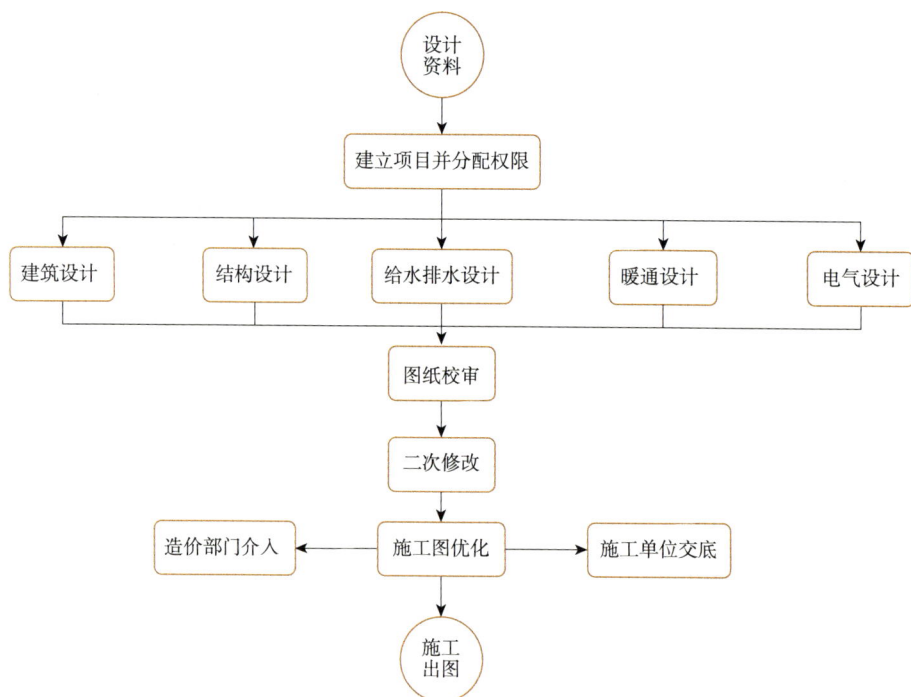

图 84　协同设计流程

3. 施工深化设计

（1）机电深化设计

施工图设计阶段，设计单位和施工单位联合进行多专业协同校核，通过 BIM 模型进行预优化，将问题前置，形成图纸校核报告，缩短设计到施工的反馈时间，加快工程建设进度。

绍兴饭店改扩建提升工程（二期）EPC 项目通过三维建模实现管道系统的布局优化和协调，避免管道路径交叉和冲突（图 85）；通过施工模拟优化施工过程，提高施工效率和质量；利用管道维护和监测，提高维护效率和可靠性。综合应用 BIM 技术可以最大化地提升管道系统的性能和效率，实现项目中管道系统的高效运行。

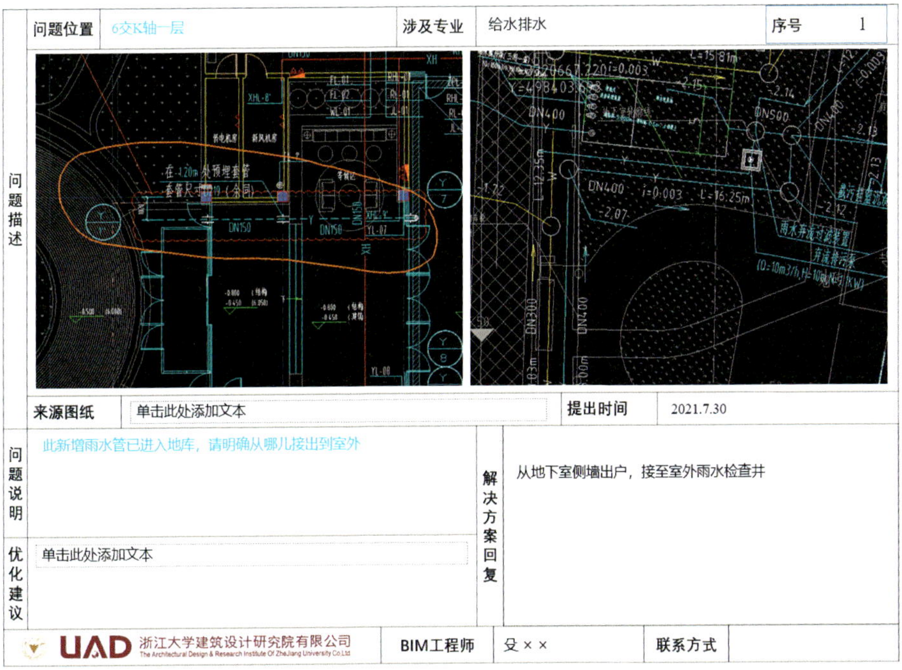
问题位置 6交K轴一层 | 涉及专业 给水排水 | 序号 1
问题描述
来源图纸 单击此处添加文本 | 提出时间 2021.7.30
问题说明 此新增雨水管已进入地库，请明确从哪儿接出到室外
优化建议 单击此处添加文本
解决方案回复 从地下室侧墙出户，接至室外雨水检查井
UAD 浙江大学建筑设计研究院有限公司 The Architectural Design & Research Institute Of ZheJiang University Co.Ltd | BIM工程师 殳 × × | 联系方式

图 85　绍兴饭店改扩建提升工程（二期）EPC 项目管道碰撞检测

（2）装配式深化设计

蔡元培广场（纪念馆）EPC总承包项目的施工单位在绍兴地区拥有国家级装配式建筑产业基地，项目招标投标阶段即确定采用装配式建筑体系，并采用Revit结构模型进行深化设计，主要包括构件平面布置设计、构件加工深化设计、设计检查、自动出图、物料统计等（图86）。通过BIM参数化设计的运用，可以实现根据结构模型直接选择钢筋型号、数量、弯钩形状和长度，完成预制构件配筋等（图87）。完成预制构件配筋，生成实体钢筋，计算预制装配率，导出施工图纸，高效、高精度地完成装配式深化设计；一物一码，基于物联网，串联生产、存储、运输与施工全过程；实现各环节信息精准传递及标准化作业，做到全过程信息管理，最终高质、高效地完成蔡元培广场（纪念馆）装配式建筑的设计、生产和施工。

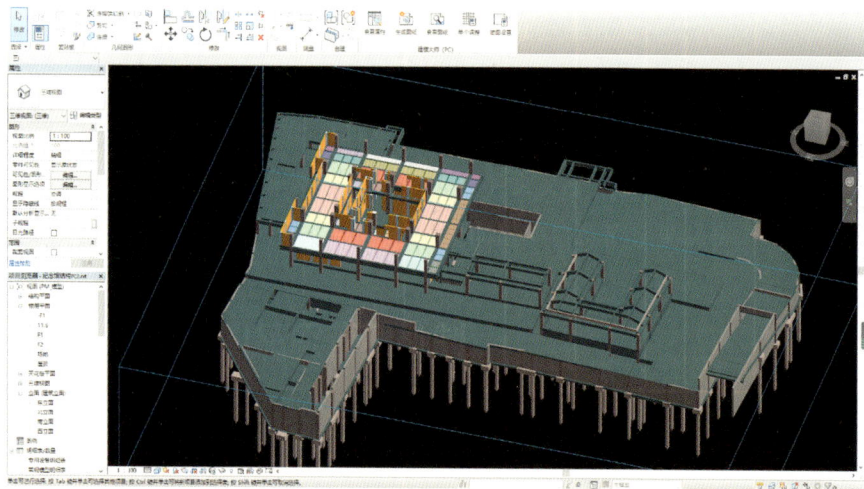

图86 蔡元培广场（纪念馆）EPC总承包项目上部楼层板划分

4.施工辅助管理

（1）施工场地布置

通过BIM施工场地布置，可以在计算机环境中模拟和优化场地布置方案，

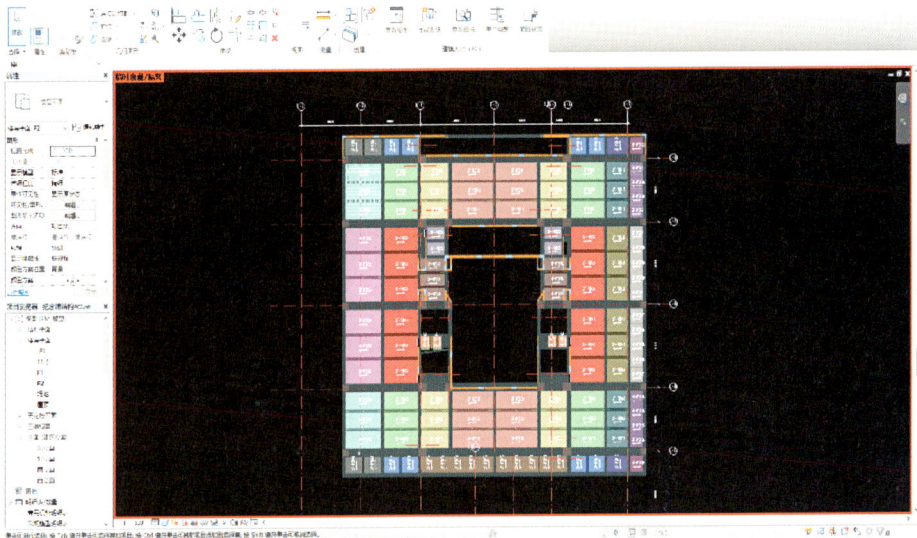

图 87　蔡元培广场（纪念馆）EPC 总承包项目预制构件平面图

确保施工场地的合理利用、高效运作和安全性。通过 BIM 制作场地布置图和动画，使项目团队能够直观地了解和评估布置方案，有助于与团队成员和相关方进行有效的沟通和协作，共同决策和调整场地布置。

蔡元培广场（纪念馆）EPC 总承包项目通过场地布置的模拟，实现现场道路布置情况、机械布置情况、堆场布置情况、进出大门布置情况等关键环节的三维可视化（图 88）。借助 BIM 技术强大的可视化优势及智能管理平台，前端展示界面为该项目提供了清晰且直观的施工指导。通过这一界面，项目团队能够精准地规划后续施工及机械设备的布置，并根据实际需求灵活调整场地平面布置。

（2）进度管理

施工进度管理是通过施工进度模拟，合理规划、监控和调整工程进度，确保项目按时完成的管理过程，目标是优化项目进度计划，提高工作效率，减少延误和避免成本超支，并确保项目顺利进行。管理人员在进度管理软件中输

图 88 蔡元培广场（纪念馆）EPC 总承包项目场地布置模拟效果图

入实际进度信息，通过方案进度计划与实际进度对比，分析偏差，找出原因，发现项目中存在的潜在问题，实现对项目进度的合理控制与优化。通过对施工进度和资源需求的综合考虑，可以优化资源的调配，确保人员、材料和设备在正确的时间和地点得到高效的利用，从而提升工作效率、减少资源浪费。采用 Project 软件排布施工进度后，将成果文件导入 BIM 应用软件中，并对应建筑构件进行精确匹配，直接模拟施工进度，帮助现场施工管理人员提前发现进度问题，做好协调工作。

蔡元培广场（纪念馆）EPC 总承包项目采用理正深基坑支护结构设计软件，对基坑围护模型进行不同工况下的受力验算，依据计算结果优化挖土施工分层分段，合理选择出土口，并对结构受力较大区域开展针对性的优化（图 89）。将调整优化后的深基坑施工方案进行模拟预施工，结合 BIM 进度模型，提前发现问题，从而调整施工进度计划。前期的施工模拟计算为施工方案优化提供了技术支持，实际施工支护结构位移、沉降都在模拟计算范围之

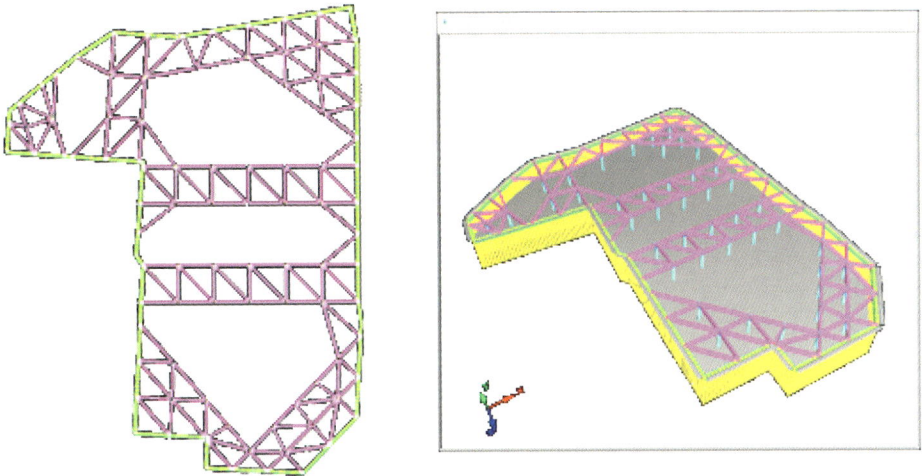

（a）蔡元培广场（纪念馆）EPC 总承包项目基坑支护阶段模型

（b）蔡元培广场（纪念馆）EPC 总承包项目基坑支护阶段现场

图 89　蔡元培广场（纪念馆）EPC 总承包项目基坑支护

内，在加快进度的同时，确保了质量和安全。

（3）成本核算

基于 BIM 的成本核算是指项目在 BIM 设计端数据生产完成后，对 BIM 基础模型适度深化并补充相关构件属性，输出符合概预算需求的工程量，用以校核招标、变更、签证工程量。

绍兴饭店改扩建提升工程（二期）EPC 项目在 BIM 技术的助力下，实现了全专业建模，并通过对模型中构件数量的精确统计，为造价人员提供了高效、准确的算量支持。得益于 BIM 模型中的丰富信息，项目团队能够迅速进行成本核算，确保预算的准确性和合理性。同时，通过对比施工前后的工程预决算，项目团队能够及时发现预算偏差，从而采取有效措施进行预算控制，避免了预算超支的风险。这种基于 BIM 模型的成本核算和预算控制方法，不仅提高了工作效率，还显著增强了项目管理的精细化水平。图 90 为绍兴饭店改扩建提升工程（二期）EPC 项目管线综合模型，图 91 为构件数量统计。

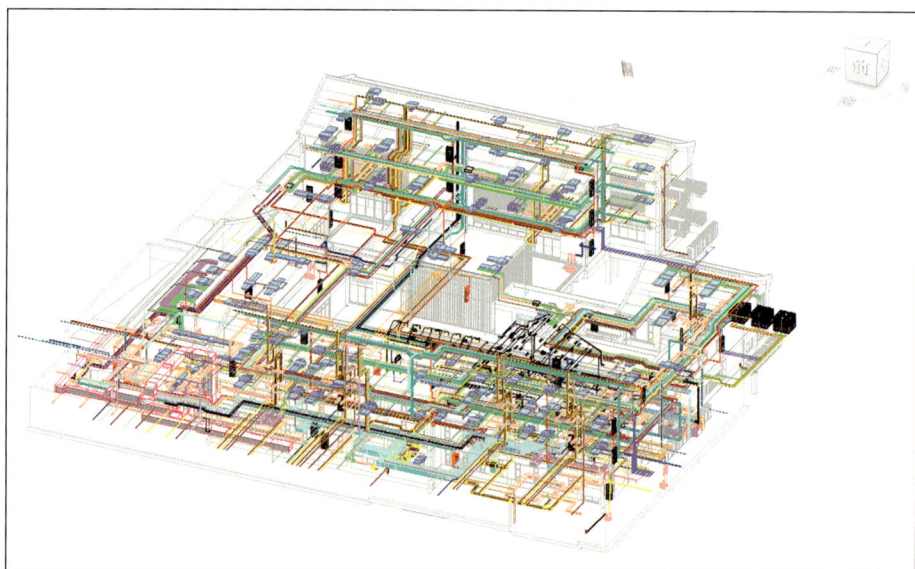

图 90 绍兴饭店改扩建提升工程（二期）EPC 项目管线综合模型

名称	图片	个数（个）
止回阀：DN50-DN50	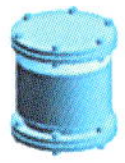	37
蝶阀-对夹式：DN125	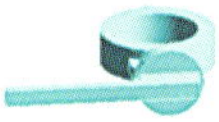	14
UPVC 球阀	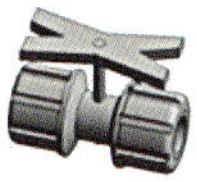	729

图 91　构件数量统计

BIM 成本核算也可以更深入地应用在重点区域的成本、进度与施工预判的统筹优化调整中，进行更加精细化的成本管理，最大限度地避免因设计变更导致的成本波动。BIM 模型的可视化和模拟动画同时提高了设计管理人员与施工现场人员的沟通效率，有效地避免了因理解误区导致的无效成本增加，图 92 为青藤书屋周边综合保护项目 EPC 总承包项目 BIM 检查问题表。

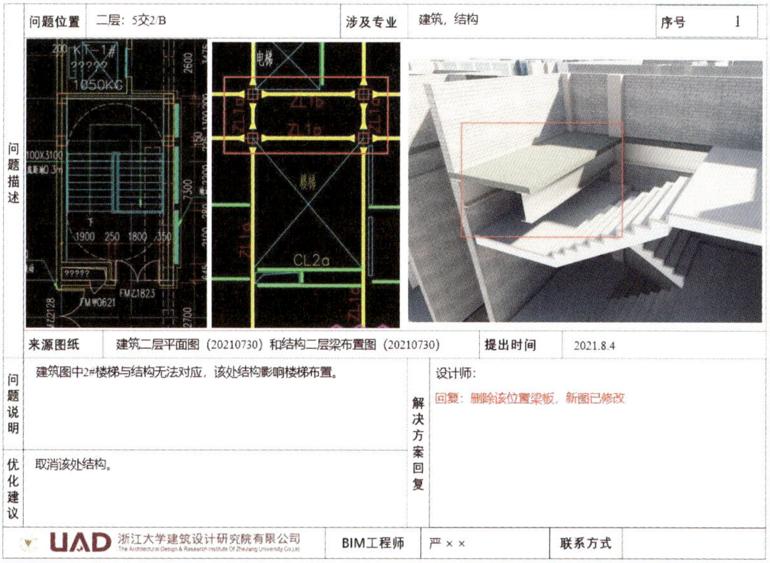
问题位置：二层：5交2/B　涉及专业：建筑，结构　序号：1

问题描述

来源图纸：建筑二层平面图（20210730）和结构二层梁布置图（20210730）　提出时间：2021.8.4

问题说明：建筑图中2#楼梯与结构无法对应，该处结构影响楼梯布置。

优化建议：取消该处结构。

解决方案回复：设计师：
回复：删除该位置梁板，新图已修改

浙江大学建筑设计研究院有限公司　BIM工程师：严 × ×　联系方式：

图 92　青藤书屋周边综合保护项目 EPC 总承包项目 BIM 检查问题表

（4）可视化交底

浙东运河博物馆项目在面临复杂节点施工时，采用了先进的三维可视化交底（图93）。通过三维模型实现虚拟建造，将施工步骤及注意点通过模拟搭建软件表达出来，提高施工人员的技术水平与专业知识，使工程施工变得清晰明确。

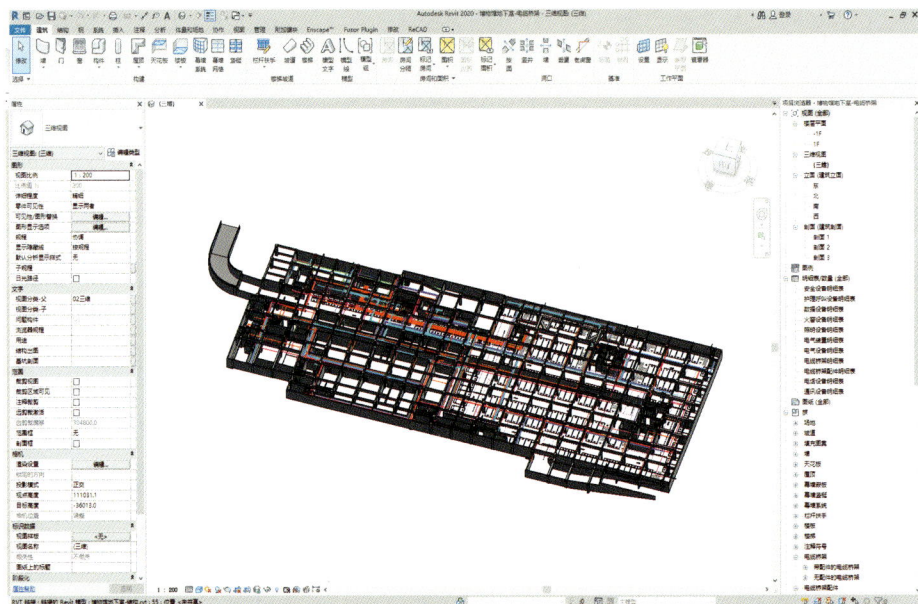

图93　浙东运河博物馆地下室管线综合模型

（三）智慧工地系统

随着信息技术的发展，大量技术手段被应用在项目管理中，尤其是在智慧工地方面的应用，对项目的整体管理，特别是在智能识别系统、无人机巡检系统、环境检测及围挡自喷系统、塔式起重机运行监控和智慧工地数字化平台方面提供了极大的便利，现以绍兴EPC项目集群的智慧工地技术应用为例，进行具体介绍。

1. 智能识别系统

根据国家农民工实名制标准与要求，统一将各参建单位人员及劳务人员的信息录入系统，利用感知端生物识别硬件与后台数据联通，实现进出实名认证、考勤数据实时上传、班组管理、人员培训情况、劳动合同统一管理等功能。绍兴 EPC 项目集群在建设高峰期因用工数量多、人员复杂和流动性强，成为需要重点关注的对象，集群各项目部在遵循属地化管理政策的同时，在设计院的统筹安排下，引入 AI 摄像系统，为项目建设赋能。

（1）智能视频监控服务

通过建筑产业互联网提供的智能视频监控服务，结合深度学习和视觉识别技术，分析现场工作人员的行为动作以及安全帽佩戴行为，并对现场人员的不规范行为进行实时识别和预警。此系统在蔡元培广场（纪念馆）EPC 总承包项目施工期间，共捕捉安全隐患行为图像 1 万余张，AI 图像识别准确率达到 95% 以上（图 94）。

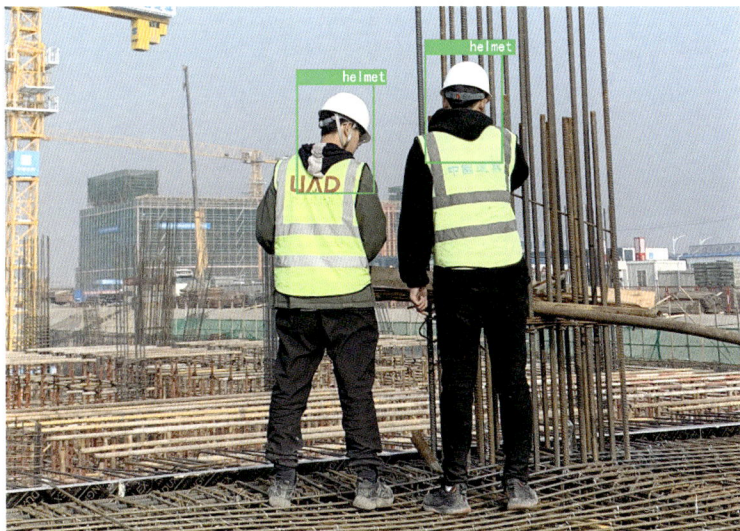

图 94 现场安全帽识别

（2）智能人员管理服务

原建筑工人实名系统数据已与政府相关部门互通，AI 摄像系统引入后，建筑工人相关数据信息与地方部门数据进行互联共享，一旦出现可疑人员，地方部门和项目工地将收到提醒信息。图 95 为系统后台的统计数据，智慧化管理为绍兴 EPC 集群项目的人员管理提供助力。

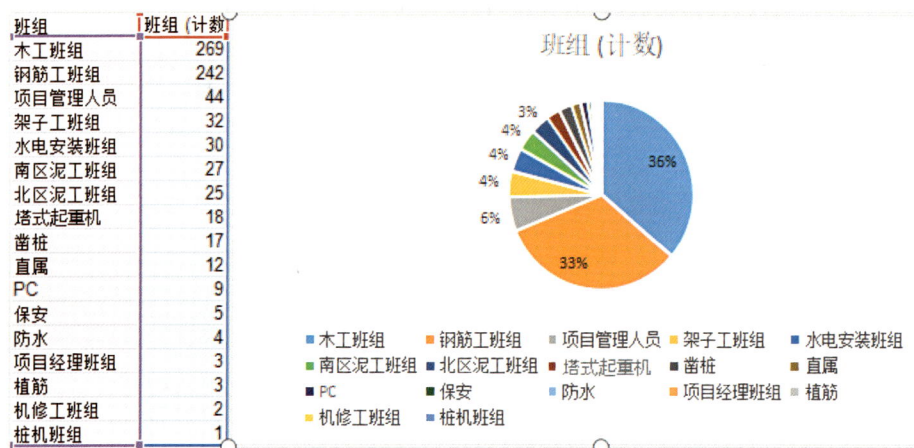

班组	班组 (计数)
木工班组	269
钢筋工班组	242
项目管理人员	44
架子工班组	32
水电安装班组	30
南区泥工班组	27
北区泥工班组	25
塔式起重机	18
凿桩	17
直属	12
PC	9
保安	5
防水	4
项目经理班组	3
植筋	3
机修工班组	2
桩机班组	1

图 95 系统后台数据统计

2. 无人机巡检系统

无人机航拍收集现场施工进度。在施工现场的普通穿行拍摄可以对施工过程细节进行了解，同时对施工现场大局进行把控。通过航拍影像资料，管理者能够清晰地了解施工面各阶段的施工概况（图 96）。

搭载传感器和摄像设备的无人机，实现高效巡检和数据采集。该系统能够快速覆盖广泛的区域，获取高质量的图像和数据，帮助管理人员了解设施状况，及时发现问题并采取相应措施。同时，通过数据分析和处理，系统提供实时监测、故障诊断和预测性维护，优化设施管理决策和资源利用。无人机巡检系统在提高巡检效率、降低成本、改善设施管理准确性和及时性方面发挥了重要作用。它为设施巡检和监测带来更高效、精确的解决方案，具有广阔的应用前景。

图 96　现场人员记录

3. 环境监测及围挡自喷系统

采用环境监测系统，显示实时 PM2.5、PM10、噪声、温度、湿度、风速监测情况和当天 PM2.5、PM10、噪声监测数据变化趋势及是否超过相关报警值情况，以及近 7 天的天气预报，便于管理人员实时掌握工地现场的环境情况（图 97）。

通过环境监测系统实时掌控扬尘的数字变化，当超过扬尘规定数值时，围挡喷淋会自动打开喷水降尘。24h 平均值可体现出现场扬尘变化的详细趋势，可判断扬尘超标后是否及时进行了降尘，反映了项目每天降尘措施的执行力度。检查扬尘管理中是否存在局部超标，根据时间节点寻找超标原因，辨别是否为经常性事件，并制定相应的整改措施。

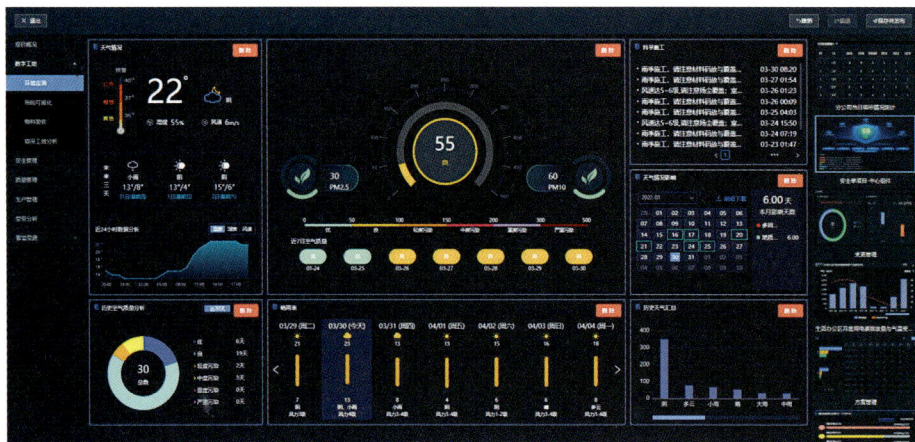

图 97　环境监测线上数据

4. 塔式起重机运行监控

作为工地上必不可少的设备，塔式起重机的安全问题一直是工地安全管理的重点。智慧工地塔机监测及可视化吊钩系统，通过安装在塔式起重机上的无线传感器和塔机监控设备，利用无线传感网络进行实时数据采集和处理。全过程智能化云数据管理，实现建筑塔式起重机高效率运行监控。通过在吊钩上的可视化硬件设备，增加塔式起重机司机的视野范围，降低事故的发生率。当塔式起重机作业出现危险情况时，系统在第一时间发出警报，可帮助管理人员及时发现问题，预防危险情况的发生。

塔式起重机安全监控系统（图 98）根据现场参数，以动画的方式实时模拟塔式起重机的起重量、力矩、起升高度、幅度、回转角度、运行行程、报警、故障、违章、碰撞等信息运行状态。

塔式起重机运行监控系统的介入，可以实现由人防到技防的转变，由事后被动监管向事前主动监管的转变，由静态监管向实时动态监管的转变，绍兴 EPC 项目集群在整个实施过程中未发生因塔式起重机运行而出现的安全事故。

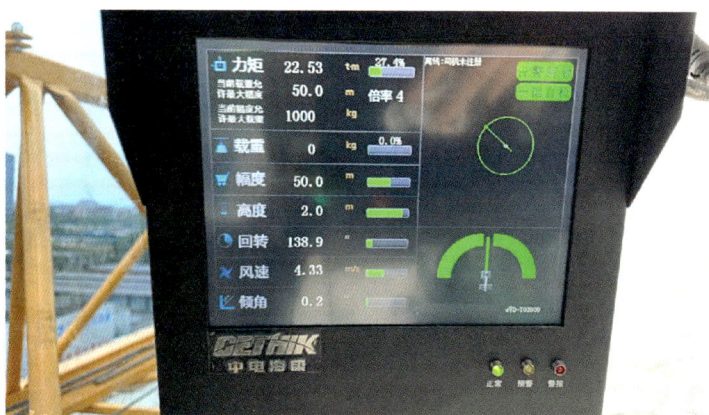

（a）塔式起重机运行监控数据

（b）塔式起重机运行监控

图 98　塔式起重机运行监控系统

5. 智慧工地数字化平台

　　绍兴 EPC 项目集群引入广联达数字项目管理平台，提升企业数字化管理水平，推动企业科研管理、方案管理、BIM 成果管理、规范管理、方案模板库管理数字化；将设计变更、图纸会审记录、工作联系单等文件进行统一的数字化管理系统，建立变更台账，明确相关责任人（图 99）。通过技术管理减少项目风险，通过变更与图纸快速关联及预警提醒减少施工过程遗漏，通过

（a）广联达数字项目管理平台

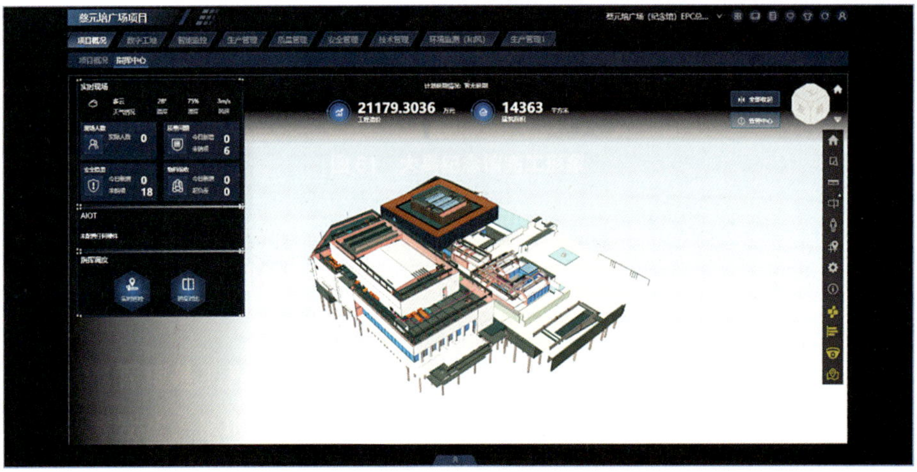

（b）蔡元培广场（纪念馆）项目智慧工地系统

图99 智慧工地数字化平台

交底管理、试验管理、资料管理提升项目信息沟通一致性。

如蔡元培广场（纪念馆）EPC总承包项目采用广联达BIM+智慧工地平台，覆盖项目管理的质量、安全、技术、生产、设备、环境等业务，将核心业务数字化、智能化，帮助项目管理人员进行科学决策、数据决策（图 99）。

在项目安全管控中，利用平台 PC 端（计算机端）、Web 端（网页端）、手机端进行协同管理，施工管理人员对现场发现的安全问题进行手机端拍照上传，平台自动将问题推送至相关责任人整改，有效地提高问题整改效率，为项目安全隐患排查发挥重要作用。

在项目质量管控中，利用平台日常质量巡检，逐渐形成项目质量检查数据库。管理人员通过数据平台的分析，可以得知现场高频质量问题类型、质量问题整改率情况、现场重点部位检查情况及相关施工班组统计分析，并依托平台进行质量管理的下一步决策。

使用 BIM 5D 还原生产管理业务全貌（图 100），自上而下打通总计划、月计划、周计划，建立人、材、机投入计划，优化机械租赁、材料采购计划。通过平台进行任务派分及跟踪反馈，项目管理人员随时掌握项目进度，通过

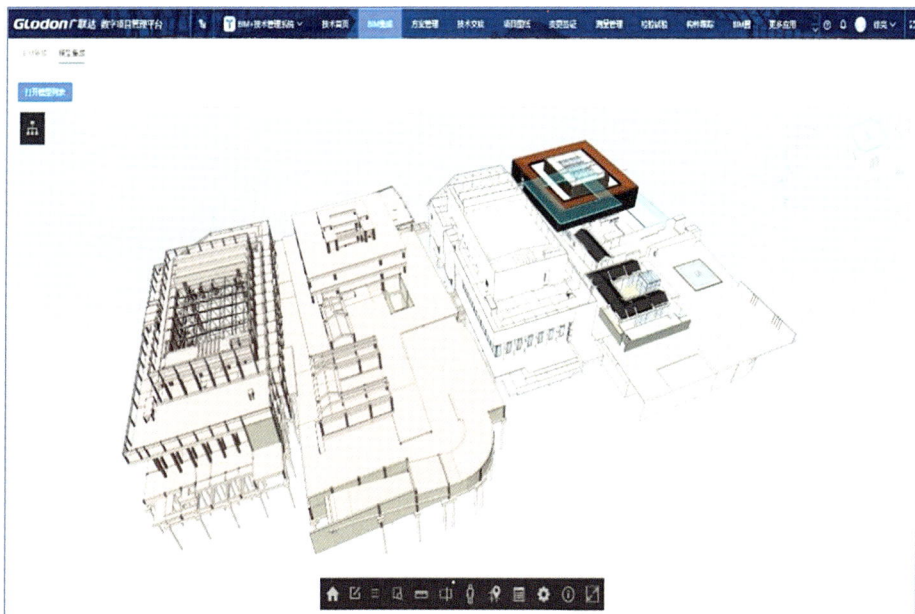

图 100 广联达数字项目管理平台模型集成模块

网页端进行生产进度汇报，实现生产例会的数字化呈现，辅助项目管理人员精细化管理，实现以进度为主线的生产资源统筹管理。

（四）工艺技术创新

新技术在建筑工程的设计和施工过程中得到应用，能够有效解决传统设计、施工过程中存在的一系列问题。浙大设计院一直致力于工艺技术的创新与研究。绍兴 EPC 项目集群均为文化建筑，建筑物具有体量大、要求高且设计非标准化等特点。在绍兴 EPC 项目集群实践过程中，充分发挥浙大设计院的科研优势，将新的工艺技术应用到项目中，保障项目质量，提高项目效益。

1. 正反牙机械式双套筒连接技术

浙江省建设领域推广、禁止公告中将钢筋闪光对焊和电弧搭接焊限定为仅允许应用在直径 ≤ 22mm 的热轧钢筋连接，因此，设计院一般要求针对 22mm 以上直径钢筋需采用机械连接。在绍兴 EPC 项目集群的实践过程中，遇到了直径 25mm 的钢筋用于抗拔桩灌注桩的情况，由于灌注桩钢筋笼接长时，纵向钢筋已与螺旋箍焊接固定，无法转动，施工现场无法按设计要求采用机械连接。同样，由于预制构件的钢筋无法转动，当装配式建筑中预制钢筋直径大于22mm 时，也会出现机械连接、焊接、绑扎搭接都不适用的尴尬情况。

为了解决上述问题，EPC 总承包管理团队研发出一种正反牙机械式双套筒连接技术（图 101、图 102），为装配式建筑提供了一种等强、可靠、有效、便捷的钢筋连接方法。该技术是一项基础性、普适性的底层装配式技术，不仅可以用于预制构件的钢筋连接，还可以用于成型钢筋、钢筋笼的钢筋连接。该技术具有连接质量优良、与母材等强、可靠性高等特点，施工便捷、施工效率高，连接费用低、无废料、环保低碳。该技术改进了现有预制构件钢筋连接的工艺和流程，属于干式连接，操作简单，经济效益好，连接质量容易控

图 101　正反牙机械式双套筒连接构件

图 102　现场成型钢筋连接

制，质量检测方便可靠，施工人员经简单培训后即会操作。此外，所有连接构件均可利用现有生产设备加工生产，具有广阔的应用前景。

本项技术已获得 4 项发明专利授权、3 项实用新型专利授权（图 103），入选 2023 年"杭州市装配式适用技术推广目录"，并在绍兴 EPC 项目集群中应用。

图 103　正反牙机械式双套筒连接相关专利

2. 板边不出筋叠合板技术

绍兴 EPC 项目集群中包含许多装配式建筑，以大禹研究院为例，设计采用叠合板、预制楼梯作为结构预制构件。在以往的项目实践中，结构专业采用的叠合板基本为板端及板侧出筋的叠合板。这种出筋的预制板制作时需要在其边模上预留孔洞，板内预埋钢筋需要从边模孔洞穿出并局部封堵，防止浇筑混凝土时漏浆，这些要求给预制板的加工制作带来诸多不便，造成制作成本上升、生产效率低下等问题。现场安装时，预制板出筋会与支座梁钢筋产生碰撞，安装前需将梁纵筋移位或将板钢筋掰弯，待预制板安装就位后重新将梁、板钢筋复位，这样反复操作大大降低了施工效率。

为了解决这一问题，EPC 总承包管理团队研发出一种板边不出筋叠合板技术。这种技术能够有效提高预制板的生产效率和经济性能，提高预制板的运输和安装效率，并解决叠合板出筋与梁上部纵筋的碰撞问题，从而提高构件的成型质量，提高侧模的通用性和使用周转次数。

该技术获得 1 项发明专利授权、2 项实用新型专利授权（图 104），在绍兴 EPC 项目集群中成功应用并获得各方高度认可（图 105）。相关标准《板边不出筋钢筋混凝土叠合板技术规程》已在中国工程建设标准化协会立项，正处于编制过程中。

图 104　板边不出筋叠合板技术相关专利

图 105　板边不出筋叠合板技术在绍兴 EPC 项目集群中应用

3. 新技术应用示范

大禹陵景区（公祭典礼）提升项目启动区（大禹纪念馆、大禹研究院、植物园、百鸟乐园）EPC总承包项目系大禹陵景区提升工程的重要组成部分，是全国最大的大禹纪念性场馆，其外形以"禹铸九鼎"为设计理念，磅礴大气，彰显大禹统领九州的王者风范。它的建成填补了全国大禹文化研究缺乏集中性、综合性纪念馆的空缺，为大禹文化研究成果的展示提供了一个具体的、科学的场所，建筑面积27913.01m^2，钢筋混凝土结构，地上2层，地下1层，总造价7.17亿元。

工程共采用"建筑业10项新技术"中的8个大项、21个子项，通过对关键部位的技术攻关活动，充分发挥新技术的效益，使工程按质按时完成竣工验收。新技术的大量应用可以减少水泥、钢材等高能耗材料的使用，降低建筑物自身能耗。机电安装新技术具有提高装拆功效、降低施工成本、优化空间布置与协调性能的重要作用，绿色施工技术的应用能降低建筑物能耗，信息化技术的应用能提供建筑可视化施工，实现局部的无纸化办公。本工程各项新技术综合应用后减少成本约142.4万元。

大禹陵景区（公祭典礼）提升项目二期启动区（大禹纪念馆）被评为浙江省建筑业新技术示范工程应用成果（图106）。

新技术的应用需要各方的配合与支持，在推广应用"建筑业10项新技术"中，牵涉业主、设计、监理等多方关系，与工程建设各方主体的大力支持密不可分。上述各方统一认识、达成共识，并规范各自的责、权、利行为，对新技术推广起到积极的促进作用。施工期间，绍兴市领导、专家多次到现场检查、指导工作，设计院、施工企业来工程施工现场参观学习，省市和地方的新闻媒体也对工程做了大量的宣传报道，极大地提高了浙大设计院的社会信誉和知名度。

浙大设计院在推广应用新技术、新材料，新工艺中学习，在不断总结经

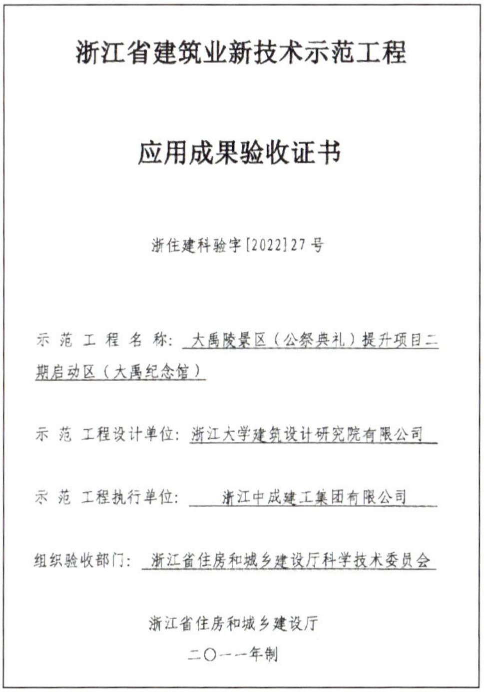

浙江省建筑业新技术示范工程

应用成果验收证书

浙住建科验字[2022]27号

示范工程名称：大禹陵景区（公祭典礼）提升项目二期启动区（大禹纪念馆）

示范工程设计单位：浙江大学建筑设计研究院有限公司

示范工程执行单位：浙江中成建工集团有限公司

组织验收部门：浙江省住房和城乡建设厅科学技术委员会

浙江省住房和城乡建设厅

二〇一一年制

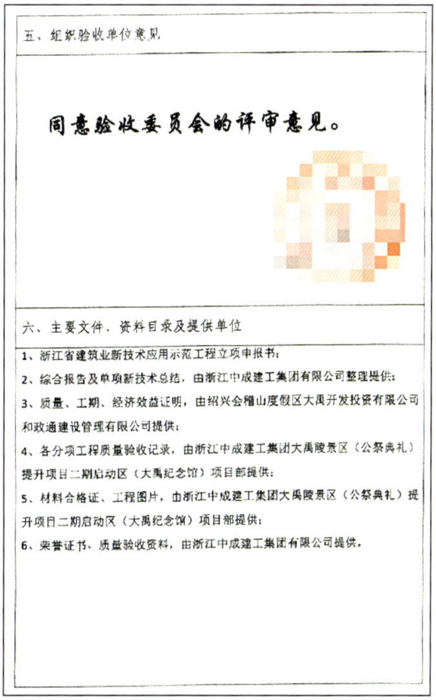

五、组织验收单位意见

同意验收委员会的评审意见。

六、主要文件、资料目录及提供单位

1、浙江省建筑业新技术应用示范工程立项申报书；

2、综合报告及单项新技术总结，由浙江中成建工集团有限公司整理提供；

3、质量、工期、经济效益证明，由绍兴会稽山度假区大禹开发投资有限公司和政通建设管理有限公司提供；

4、各分项工程质量验收记录，由浙江中成建工集团大禹陵景区（公祭典礼）提升项目二期启动区（大禹纪念馆）项目部提供；

5、材料合格证、工程图片，由浙江中成建工集团大禹陵景区（公祭典礼）提升项目二期启动区（大禹纪念馆）项目部提供；

6、荣誉证书、质量验收资料，由浙江中成建工集团有限公司提供。

图 106　浙江省建筑业新技术示范工程应用成果

验教训的过程中提高，一大批中青年技术骨干迅速成长起来，为日后承担更艰巨的任务储备了人才，为公司今后的改革发展注入了新的活力。项目部积极运行企业国际质量管理体系、环境管理体系、职业健康安全管理体系及全面质量管理的方法，促进和提高了工程的管理水平，增强了企业的市场竞争力，对保障工程建设质量、改善投资环境等起到积极的促进作用。

七、
浙大设计院 EPC 总承包项目管理经验

　　截至 2023 年底，浙大设计院已竣工和在建设计牵头的 EPC 总承包项目累计超 50 项，项目合同额近 200 亿元，项目类型遍及博物馆、纪念馆等文化类建筑、科研实验类建筑、办公类建筑、校园类产业园区类建筑、宾馆类建筑、体育场馆类建筑、医院类建筑、住宅类建筑、商业综合类建筑、道路、景观、亮化等各种形态。连续三年在勘察设计企业工程总承包营业额排名中名列前茅，并成为"十三五"浙江省工程总承包领军企业。

　　承接实施绍兴 EPC 项目集群的时间段，也是浙大设计院工程总承包事业开拓、发展的关键时期，通过党建文化引领，党建品牌创建，积累了丰富的项目管理、设计管理经验，形成一套行之有效的工程总承包项目管理流程制度体系，也为浙大设计院承接施工单位牵头的工程总承包项目及建筑师负责制项目提供了技术建设及管理体系支撑。

　　工程总承包事业部的营业收入（总承包管理费及设计费）从 2016 年的 307.57 万元上升到 2022 年的 15631.36 万元，成为浙大设计院多元化发展的重要部门。在经济下行压力的背景，工程总承包模式的优势大大增强了浙大设计院的经济效益与社会效益，推动了产业转型升级。

（一）绍兴 EPC 项目集群成绩

1. 节约建设投资

通过技术与经济的平衡、品质与成本的平衡，以及各利益相关方诉求的平衡，运用优化设计、变更控制、技术创新等手段，严格实行限额设计，杜绝超概现象的发生。绍兴 EPC 项目集群，不仅实现了项目的高完成度，保证了优良品质和卓越效果，还实现了不同程度的成本节约，为国家和建设单位节省了建设资金，提高了投资效益。绍兴 EPC 项目集群的批复概算、审定施工图预算、审定竣工结算的相关数据对比详见表 28。

（1）施工图预算已审核完成的项目：绍兴气象博物馆项目（筹）EPC 总承包项目、阳明故里整体开发建设项目——阳明故居及纪念馆 EPC 总承包项目、大禹陵景区（公祭典礼）提升项目启动区（大禹纪念馆、大禹研究院、植物园、百鸟乐园）EPC 总承包项目、青藤书屋周边综合保护项目 EPC 总承包项目，批复概算工程费用合计 179572.47 万元，审定施工图预算工程费用合计 176665.21 万元，为建设单位节约投资 2907.26 万元，节约投资比例 1.6%。

（2）竣工结算已审核完成的项目：绍兴气象博物馆项目（筹）EPC 总承包项目，批复概算工程费用 19276.56 万元，审定竣工结算工程费用 17450.48 万元，为建设单位节约投资 1826.08 万元，节约投资比例 9.5%。

2. 获得多类奖项

绍兴 EPC 项目集群立足文化传承与创新，"以历史语境中的现代性"为设计表意，通过独具匠心的设计手法、高效融合的工程管理、精益求精的细节摹拜，造就了项目的超高品质。项目建成后，获得省市以及国内国际大奖多项，在国内外产生了极大的社会影响力，详见表 29。

表 28

绍兴 EPC 项目集群投资对比

序号	项目名称	批复概算工程费用（万元）	审定施工图预算工程费用（万元）	审定施工图预算节约投资比例	审定竣工结算工程费用（万元）	审定竣工结算节约投资比例	备注
1	蔡元培广场（纪念馆）EPC 总承包项目	21890.34					
2	绍兴气象博物馆项目（筹）EPC 总承包项目	19276.56	18887.42	2.0%	17450.48	9.5%	均已包含方案调整、人防部分工程增加的费用
3	绍兴饭店改扩建提升工程（二期）EPC 项目	50654.89					
4	阳明故里整体开发建设项目——阳明故居及纪念馆 EPC 总承包项目	31509.45	31307.33	0.6%			
5	大禹陵景区（公祭典礼）提升项目启动区（大禹纪念馆、大禹研究院、植物园、百鸟乐园）EPC 总承包项目	95062.65	94101.78	1.0%			
6	青藤书屋周边综合保护项目 EPC 总承包项目	33723.81	32368.68	4.0%			榴花斋、县府宿舍、张家台门三处民居按重新明确的功能进行调整，概算调整增加 1762.28 万元
7	施工图预算审核完成的项目合计（2）+（4）+（5）+（6）	179572.47	176665.21	1.6%			

176

表 29

项目名称	荣获奖项
绍兴饭店改扩建提升工程（二期）EPC 项目	2023 年度杭州市建设工程西湖杯二等奖 [智能化]
大禹陵景区（公祭典礼）提升项目启动区（大禹纪念馆、大禹研究院、植物园、百鸟乐园）EPC 总承包项目	2023 年第 28 届 UIA 世界建筑师大会建筑展 2023 IFLA 亚太景观设计奖 荣誉奖 2023 年加拿大 4 Future Awards 银奖 2022 第 10 届美国 Architizer A+ 大众评审奖 2022 美国 AMP 建筑大师奖 类别大奖 2021 年第 17 届威尼斯国际建筑双年展中国国家馆 2021 第 15 届美国 IDA 国际设计大奖铜奖 2021 伦敦设计奖银奖 2020 意大利 THE PLAN 设计大奖 一轮入围 2023 年度教育部优秀勘察设计建筑智能化二等奖 第十六届中照照明奖工程设计奖二等奖 2023 年度浙江省勘察设计行业优秀勘察设计成果 [建筑工程设计类] 二等奖 2023 年度浙江省勘察设计行业优秀勘察设计成果 [风景园林设计类] 二等奖 2023 年度浙江省勘察设计行业优秀勘察设计成果 [工程总承包类] 一等奖 2023 年度浙江省勘察设计行业优秀勘察设计成果 [建筑结构] 二等奖 2022 年度浙江省勘察设计行业优秀勘察设计成果 [照明] 一等奖 2022 年度浙江省建设工程钱江杯奖（优质工程） 2022 年度浙江省勘察设计行业优秀勘察设计成果 [建筑工程设计类] 一等奖 2023 年度杭州市勘察设计行业优秀成果奖二等奖 [建筑] 2023 年度杭州市勘察设计行业优秀成果奖二等奖 [风景园林] 2023 年度杭州市勘察设计行业优秀成果奖二等奖 [综合工程 – 幕墙] 2022 年度杭州市勘察设计行业优秀成果奖一等奖 [建筑]
青藤书屋周边综合保护项目 EPC 总承包	2023 年 IAA 国际建筑奖博物馆和文化建筑大奖 2023 年第 28 届 UIA 世界建筑师大会建筑展 2023 IFLA 亚太景观设计奖卓越奖 2022 Arch Daily 中国年度建筑大奖亚军 2022 加拿大 AZ Awards 建筑大奖 2022 德国标志性建筑设计奖至尊奖 2022 WAN 世界建筑新闻网大奖入围奖 2022 WAF 世界建筑节入围奖 2022 WAFC 世界建筑节中国杰出设计奖 2022 Iconic Awards 德国标志性建筑设计奖至尊奖 2022 Lald 国际照明设计卓越奖（照明项目设计类） 2022 香港设计奖室内类别金奖 2022 Muse 缪斯设计奖室内设计金奖

续表

项目名称	荣获奖项
青藤书屋周边综合保护项目 EPC 总承包	2022 英国 FX 国际室内设计大奖（WINNER）（室内设计类） 2022 美国 IDA 设计大奖银奖（室内设计类） 2021 年第 17 届威尼斯国际建筑双年展中国国家馆 第十八届中照照明奖 2022 第十四届中国长三角优秀石材建设工程建筑外装饰金石奖 2024 华东地区优质工程奖 2023 年度浙江省勘察设计行业优秀勘察设计成果 [风景园林设计类] 二等奖 2022 年度浙江省勘察设计行业优秀勘察设计成果 [建筑工程设计类] 一等奖 2022 年度浙江省勘察设计行业优秀勘察设计成果 [照明] 二等奖 2022 年度浙江省建筑施工安全生产标准化管理优良工地 2023 年度杭州市勘察设计行业优秀成果奖二等奖 [风景园林] 2023 年度绍兴市建设工程兰花杯（优质工程） 2022 年度杭州市勘察设计行业优秀成果奖一等奖 [建筑] 2022 年度绍兴市建设工程施工安全生产标准化管理优良工地 2022 年度越城区建设工程施工安全生产标准化管理优良工地 2021 年度绍兴市建筑工程优质主体结构
阳明故里整体开发建设项目——阳明故居及纪念馆 EPC 总承包项目	2023 巴黎设计奖金奖 第十八届中照照明奖 2022 年度杭州市勘察设计行业优秀成果奖二等奖 [BIM]
绍兴气象博物馆项目（筹）EPC 总承包	2023 年度杭州市勘察设计行业优秀成果奖三等奖 [建筑] 2023 年度杭州市勘察设计行业优秀成果认定荣获三等奖

3. 取得技术创新

　　工程总承包事业部牵头的《UAD 工程总承包管理制度研究》《UAD 工程总承包成本控制研究》课题，自 2018 年立项至 2021 年结题验收，课题成果包括《工程总承包项目管理办法》《工程总承包项目操作手册》《工程总承包项目运营实施细则》《设计牵头的工程总承包项目设计管理规定》《工程总承包项目成本控制管理办法》《工程总承包项目安全生产管理规定》《工程总承包项目招标采购管理办法》等管理流程制度。特别是《工程总承包项目操作手册》，对工程总承包事业部的组织架构、项目投标管理、项目合同管理、项目策划管理、项目设计管理、项目造价控制管理、项目招标采购管理、项目风险管理、项目施工管理及 HSE 管理、项目资源与信息管理、项目试运行及竣工管理做了纲领性的规定，极大地提高了浙大设计院工程总承包项目管理水平，促进了工程总承包项目管理的合理化、科学化、规范化，积极推进工程总承包管理与国内先进水平接轨。

通过理论与实践的结合，工程总承包事业部在技术标准编制、专利申请、软件著作权研发、课题研究等方面取得了一系列成果。近 2 年来，工程总承包事业部共计发表论文 49 篇，其中 SCI 论文 5 篇、EI 论文 1 篇、核心期刊论文 4 篇，授权发明专利 14 项，实用新型专利 35 项；获得软件著作权 5 项，参与编制规范 4 本、设计标准图集 6 本，参与出版专著 3 本。图 107 为取得的 49 项专利（部分）。

工程总承包事业部研发了多项核心技术，如正反牙机械式双套筒连接技术、先插法预制剪力墙、装配式防洪组件等，较好地改善了施工便利性，加

图 107　授权专利 49 项（部分）

快了施工进度，节省了工程投资，极大地提高了工程总承包项目或项目集群管理的技术水平，促进了技术进步和行业发展。

正反牙机械式双套筒连接技术提高了工程质量，通过新型连接方式在钢筋连接中的应用研究，可以有效解决施工难点，提高钢筋笼的接头质量，提高混凝土灌注桩的整体质量。同时，还能提高钢筋笼应用部位围护结构的整体安全性，可以有效解决接头部位断桩的风险。与焊接、套筒灌浆及传统机械套筒连接方式相比，正反牙机械式双套筒连接技术施工过程简单，连接节点性能优良，能够提高效率、节约工期，能够降低装配整体式结构的综合建造成本。同时，正反牙机械式双套筒连接技术有利于节约资源，减少环境污染，对环境保护和经济的持续健康发展产生明显效益，实现建筑产品节能、环保、全生命周期价值的最大化。通过新型连接方式在钢筋连接中的应用研究，不仅可以将这项技术运用到钢筋笼接头中，还可以运用到目前建筑行业大力推广的装配式结构中，如装配式结构柱和装配式梁等构件的机械接头中。

项目团队研发的板边不出筋叠合板技术，能够有效提高预制板的生产效率，提高预制板的经济性能，提高预制板的运输和安装效率，解决叠合板出筋与梁上部纵筋的碰撞问题，提高了构件的成型质量，提高侧模的通用性和使用周转次数，在示范项目中获得各方的高度认可。相关标准的编制可以解决目前出筋叠合板在生产、运输、施工上的不便，促进叠合板的应用，从而能够加速推动我国建筑工业化进程，助力绿色建筑和美丽中国发展战略的实施。

4. 弘扬传统文化

绍兴 EPC 项目集群以其丰富多彩的建筑之美，成为一颗颗璀璨的文化明珠，也成为公认的"网红打卡地"。绍兴 EPC 项目集群吸引着全国各地的游客和学者前往参观、交流、学习和研讨，对 EPC 总承包模式，尤其是文化类项目起到良好的示范效果，促进了行业内的经验交流。另外，项目建成后，通过卓越的建筑设计和优秀的建造品质成就了人气爆棚的"网红打卡地"，让建筑之美完美呈现和广泛传播；更重要的是，通过对传统文化的挖掘、传承和传播，给每位深入其中的人以思想洗礼、升华和碰撞的机会，弘扬优秀传统文化。

（1）大禹精神

子曰："禹，吾无间然矣。菲饮食而致孝乎鬼神，恶衣服而致美乎黻冕，卑宫室而尽力乎沟洫。禹，吾无间然矣。"禹离家治水十三年，"三过家门而不入"的艰苦奋斗、公而忘私、创新求实精神被传为千古佳话，成为中华民族精神的重要组成部分。"大禹精神"可以概括为俭而致孝、俭而崇礼、俭而奉公。致孝、崇礼、奉公，是大禹对孝道、礼制、仁政的落实。图 108 为社会团体参观大禹纪念馆。

图 108　社会团体参观大禹纪念馆

（2）枫桥精神

20 世纪 60 年代初，浙江省绍兴市诸暨县枫桥镇干部群众创造了发动和依靠群众，坚持矛盾不上交、就地解决，实现捕人少、治安好的"枫桥经验"。1963 年毛泽东同志就曾亲笔批示"要各地仿效，经过试点，推广去做"。"枫桥经验"由此成为全国政法战线一个脍炙人口的典型。之后，"枫桥经验"得到不断发展，形成具有鲜明时代特色的"党政动手，依靠群众，预防纠纷，化解矛盾，维护稳定，促进发展"的枫桥新经验，成为新时期把党的群众路线坚持好、贯彻好的典范。图 109 为新闻联播传播枫桥精神。

图 109　新闻联播传播枫桥精神

（3）知行合一

阳明故居是明代著名哲学家王守仁（号王阳明）的故居，它承载了中国古代哲学和道德思想的精髓，不仅是历史的见证者，更是中国哲学传统的活化石。图 110 为王阳明像。

图 110　王阳明像

　　阳明学是明朝中晚期的主流学说之一，后传于日本，对日本及东亚都有较大的影响。他提倡"致良知"，从自己内心中去寻找"理"，"理"全在人"心"，"理"化生宇宙天地万物，人秉其秀气，故人心自秉其精要。在知与行的关系上，强调要知，更要行，知中有行，行中有知，所谓"知行合一"，二者互为表里，不可分离。知必然要表现为行，不行则不能算真知。

（二）绍兴 EPC 项目集群经验

　　工程总承包（EPC）是针对当前碎片化工程建设管理模式进行的整体性治理。项目集群管理可通过整合调配资源和统筹协调，实现集约化资源利用，提升管理效率与节约成本。工程总承包（EPC）与项目集群管理都要求工程总承包单位充分发挥技术优势、管理能力与团队经验，实现协助或代表建设单位对工程建设全局全过程的有效管控，通过整合资源以及科学分配资源，为建设单位、使用单位提供更加有价值的集成整合的管理服务。

浙大设计院具有设计能力强，但是现场管理能力、资源整合能力、采购能力欠缺的设计企业的特点。在绍兴 EPC 项目集群管理中，为了充分发挥设计能力强的优势，同时弥补和改进自身不足之处，提供更加有价值的服务，浙大设计院从理论指引、管理架构、管理手段、智慧技术四大方面进行了创新。实践表明，在绍兴 EPC 项目集群中取得了成功，浙大设计院将相关经验进行总结，以便行业交流。

1. 平衡理论指引

绍兴 EPC 项目集群为设计牵头的 EPC 总承包项目。在绍兴 EPC 项目集群管理中，希望发挥出设计管理的优势，同时提升项目效益。成本管理是工程总承包项目管理工作中的核心内容，直接决定了整个项目是否实现预期的经济效益，也是项目能否高质量履约的基本要素。工程历史上为了实现建筑理想而成本管控失败的案例比比皆是，最为典型的就是悉尼歌剧院，成本一再超限，差点导致项目烂尾。绍兴 EPC 项目集群基于其文化建筑的特性，以文化传承性、功能特殊性、作品艺术性为设计前提，大量使用新型、非标准化、定制材料设备和复杂工艺技术，给项目成本管理带来巨大的挑战。如何平衡设计师的理想与项目经费的控制、品质要求与工程成本是绍兴 EPC 项目集群管理的核心要点之一。

因此，在项目管理过程中，以平衡建筑为核心理论，从设计创造共同价值的愿景出发，以"人"为本源，在"讲理""求变""共生"三个方面下功夫，将设计创意、建筑经济、社会效益进行取舍和平衡。平衡建筑反对没有经济基础的天马行空，绍兴 EPC 项目集群管理中，以平衡建筑理论为核心，建立动态平衡的成本管理体系，通过完善的项目启动阶段与设计阶段的成本管理流程，以及成本管理动态表、项目动态成本统计表等具有实际操作性的措施，在保证工程质量的同时，对成本与资金进行有效的控制和管理。

2. 管理架构优化

（1）项目组管理链。浙大设计院为浙江省内知名设计单位，有 9 个综合建筑设计院、8 个专业所、6 个研究中心、9 个专业分院、2 个事业部、6 个共建机构、6 个分支机构、2 个子公司，负责具体业务的承接和实施。2016 年，成立了工程总承包事业部，负责工程总承包项目的承揽、运营、成本控制和工程核算。为方便业务工作开展，增设了横向的项目组管理链。纵横两条管理链如同矩阵的两类向量，交错形成矩阵的组织结构。该组织结构具有灵活、高效、便于资源共享和组织内部沟通等优势，有利于加强各职能部门间的联络和协作，使得组织愈加扁平化、柔性化、应变能力更强，很适合项目攻关。项目的管理与行政管理形成统一的矩阵关系，项目负责人从项目管理的角度保证项目目标的实现，行政管理从职能管理的角度为项目目标的实现创造条件。

（2）组建 A—PMO。绍兴 EPC 项目集群的项目数量多、类型多、规模大、面积大，具有涉及名人多、文物保护设限、周边复杂环境等特点，且具有品质控制要求高、需求不确定性强、施工难度大与工期紧张的特点。为确保组织目标的实现，根据绍兴 EPC 项目集群设计牵头的特点和文化建筑建设的特色，建立 A—PMO，即设计牵头的项目管理办公室。在此基础上，根据绍兴 EPC 项目集群的特点和要求，确定 A—PMO 的类型及组织结构，确定各职级的工作内容及工作责任，明确各自的责任与权利，梳理清楚边界与内容。

（3）融合式设计管理团队。在绍兴 EPC 项目集群管理过程中，打破原有单个项目部配备 1 名设计管理人员的设计管理架构，改为设置集群项目设计管理部，并出台了《设计牵头的工程总承包项目设计管理规定》等制度，重构设计管理程序，设计管理从投标阶段、策划阶段、实施阶段全过程参与，充分发挥集群项目设计管理的优势，控制合同风险，保证设计进度，提高设计质量，有效控制工程成本，促进设计、施工与建设需求高度融合。这样在设计阶段就能充分考虑施工、采购因素，施工单位可以在设计的协助下制定施工方案和采购方案，在满足设计规范的基础上将项目的施工成本控制在最小范围内，做好设计优化和限额设计工作，充分发挥设计对项目管理的支撑作用。

3. 管理手段创新

（1）**基于 OKR 的考核**。"现代管理学之父"彼得·德鲁克认为，管理的本质是激发每一个人的善意。管理的核心是人，因此，激发人的主观能动性非常重要。传统的设计院绩效考核侧重于评估设计师和设计团队的创造力、技术能力和设计成果等。这种传统绩效考核并不适用于 EPC 总承包项目管理的绩效考核。为激发个人、专业团队、参与各方的能动性，创新了适合绍兴 EPC 项目集群的 OKR 激励机制。通过设定 OKR 考核指标、信心评分以及目标管理，促进了管理者与员工的交流和沟通，达到双向奔赴的效果。实践表明，绍兴 EPC 项目集群实施 OKR，实现了员工能力、管理者能力和组织能力的提升。

（2）**变更管理流程创新**。变更管理是项目建设管理过程中的重要环节。绍兴 EPC 项目集群除具有常规 EPC 总承包项目的工程规模庞大、建设周期长、利益相关方的权利和义务复杂等特点外，还具有文化类项目社会影响面大、公众关注度高、技术工艺复杂、建设需求不确定等特点，其变更管理尤为重要。为了更好地达到变更管理，根据变更内容进行了分类，根据对项目影响程度的大小进行了分级，实现了分类分级管理。在此基础上，制定了变更管理的控制流程及要求，让变更涉及的各方主体权、责、利清晰，通过信息系统平台实现变更管理的流程化、可视化与制度化。

（3）**品质管理机制创新**。绍兴 EPC 项目集群属于"地标性建筑"，深受相关部门及领导的重视，品质要求高。这些项目为文化建筑，具有非标准化材料多、工艺复杂、施工难度大等特点。浙大设计院非常重视品质，而设计牵头的 EPC 总承包项目，设计院更承担着项目实施全过程中保证建筑品质的重要使命，需要协调业主方面的细部要求、协调工程技术上的矛盾，并通过细部和构造的设计强化品质的创造。设计院需要综合考虑品质与成本的问题，以达到平衡。因此，工程总承包事业部引入了 A-E-Scrum，建立了一套完善的品质管理机制，能充分发挥设计院的优势与特色，保证服务过程与服务结果的品质，实现了绍兴 EPC 项目集群的理想建成效果。

4. 智慧技术应用

项目集群管理涉及多个相关联项目，项目之间、项目内部的协同影响项目集群管理效率。绍兴 EPC 项目集群管理中运用信息化技术助推集群项目资源准备和工作协同。

（1）自建 UAD-EPC 信息管理系统。浙大设计院委托第三方公司定制、开发了 UAD-EPC 信息管理系统。UAD-EPC 信息管理系统集 OA 系统和项目管理系统两个操作平台于一体，与手机端的小程序同步，兼备了工程总承包事业部日常管理、工程管理以及重点项目跟踪监测和展示，为浙大设计院工程管理模式向数字化、信息化、移动化的转型提供了平台。通过视频监控等专业设备的联合应用，将数据、模型、图纸、图片等数据实时上传，使项目集群参建各方的管理行为集成记录到同一平台，形成项目集群管理大数据。利用管理平台以及大数据信息，优化协同管理效率。具体操作工具上，利用平台进行统筹管理、资料规范管理、流程审批等。

（2）利用智慧化技术。信息化技术主要为两项，BIM 技术与智慧工地系统。应用 BIM 技术，能够真实反映建筑物的各项细节，有利于设计人员精细化观察，促进专业协同，提高建筑设计精度，有效保障建筑质量。绍兴 EPC 项目集群采用 BIM 等新技术进行采光仿真分析、风环境分析、成本核算等，提前发现施工问题，减少现场返工。智慧工地系统主要用于人员、车辆、大型设备等的现场管理等，实现了可视化、数据化、及时性。

（3）**探索应用新技术**。浙大设计院属于研究型设计单位，人员学历与素质整体较高，且与浙江大学关系密切。浙大设计院一直致力于工艺技术的创新与研究，旨在通过技术创新解决传统设计、施工过程中存在的一系列问题。在绍兴 EPC 项目集群中，应用了自创的正反牙机械式双套筒连接技术与板边不出筋叠合板技术，以及其他业界新型技术，保障项目质量，提高项目效益，项目获得了多项奖项。

（三）全方位人才培养体系

设计企业是典型的人力密集型产业，"人"是设计企业的核心资源与核心战斗力，是设计企业发展过程中打造企业核心竞争力的关键所在。作为教育部直属高校设计企业，浙大设计院充分重视人才队伍建设，提出了"专于一长、精于一技、开放互容、海纳百川"的人才理念，并将"高素质的人才"作为浙大设计院的重要发展战略。

1. 人才梯队体系

人才梯队是指企业或组织中具备不同层级和能力水平的员工群体。人才梯队是企业成长与发展的储备力量。浙大设计院通过外引与内培相结合、实践与科研相结合，建立了多层次、多维度的人才梯队体系，制定了针对不同类型人才的激励和培养方案，形成了既能充分发挥老同志的丰富经验和行业领军地位，促进中青年的骨干带头和中流砥柱作用，也能挖掘年轻人的探索创新和积极上进精神。

（1）**顶尖人才引育**。浙大设计院目前引进院士和国家大师 6 人，自己培养国家大师及国务院政府特殊津贴获得者 2 人，自己培养省级大师 6 人。在院士和大师带领下，浙大设计院的技术力量和学科建设蓬勃发展、长盛不衰，为成为行业一流、始终走在前列，提供了源源不断的智慧源泉。

（2）**中坚人才培育**。通过高级别的学术交流和技术孵育、加大科研补贴力度等手段促进业务骨干更上一层楼，例如制定精锐人才计划，为精锐计划入选者制定更高的职业发展规划和考核目标，发放科研补助、技术创新补贴和经营管理奖励等。目前浙大设计院已培养出全国青年建筑师6人、全国青年结构设计师4人、省级青年建筑师和省级青年工程师13人。在这些业务骨干的带领下，浙大设计院在项目获奖、科研创新等领域取得了巨大的成就，大量的 UAD 人作为行业专家活跃于省内外工程建设的方方面面，为解决工程技术难题和行业技术创新建言献策。

（3）**新生力量孵化**。为了帮助新员工更好地融入浙大设计院的集体环境，早日成长起来，浙大设计院组织各专业总师和职能部门负责人对新员工进行系统培训，每年组织新员工拓展训练。制定新员工导师制度，由同部门同专业的资深导师一对一帮带新员工三年，每年进行十佳新员工和十佳新员工导师评选，鼓励新员工努力学习和勤奋工作，早日做出优秀业绩。制定雏鹰计划，从工作满三年、特别有潜力的次新员工中选拔雏鹰人才进行重点资助和培养，作为技术骨干和经营骨干的人才储备。图 111 为新员工活动。

（a）新员工团建活动　　　　　　　　（b）新员工拓展训练活动

图 111　新员工活动

2. 人才培养机制

（1）先进评优机制。为保生产、促经营、强科研，将创先争优与企业人才建设相结合，突出实绩导向，通过开展激励引导和荣誉体系建设，每年定期进行优秀共产党员、十佳员工、先进员工、工作积极分子等创优评选，激发广大员工踏实肯干、争创一流的热情。同时，通过岗位建功活动的长效开展，以各种形式的"技术攻关小组""安全、质量示范区""党员先锋岗"等，引导广大员工勇于担当、敢于攻坚、乐于奉献。

（2）教育培训机制。浙大设计院有系统的培训教育计划，包括理论素养教育、业务知识培训、文体培训和生活培训等各方面，采用公司内部培训与外部培训相结合的方法，营造持续学习、不断创新的人才培养氛围。每年有定期的质量周培训，从各个专业角度对现在的主要技术和经验进行交流，还有不定期的各专业技术委员会组织的内外部培训。另外，为了丰富大家的业余文化生活，常年不定期开展摄影培训、Excel 技能培训、急救培训及篮球、游泳、瑜伽、插花等其他各种形式文体培训。大家不仅可以获得职业成长，还可以结识很多志同道合的朋友，身心愉悦、快乐工作。图 112 为员工活动与培训。

（a）急救知识培训　　　　　　　　　　　（b）员工篮球赛

图 112　员工活动与培训

3. 工程总承包人才培养

在常规的设计技术和经营人才素质培养外，工程总承包项目管理人才应该具有大局观，可以在有限的资源约束下，运用系统的观点、方法和理论，对项目全过程进行计划、组织、指挥、协调、控制和评价，以实现企业对项目合同履约的预期目标，同时树立企业形象，创造更大的价值。丰富的专业知识、技能和经验、良好的沟通协调和语言表达能力、清晰的目标管理和超强的执行能力、较强的应变和冲突化解能力，以及良好的职业道德和责任心等，这些都是一名专业的工程总承包项目管理人才不可或缺的素质要求。

浙大设计院工程总承包事业部制定了专门针对工程总承包的人才培养和管理方案。2022 年，设计院组织《工程总承包能力提升》培训，从工程总承包发展的实际出发，针对项目实施过程中暴露出来的短板和问题，面向所有工程总承包业务相关人员，委托专业机构进行了为期半年的培训，从项目策划管理、合同解读、设计管理、审计应对、风险控制、司法实践等方面全方位地进行培训和提升。工程总承包事业部层面也不定期组织培训，有针对性地组织人员学习沟通协调、设计管理、成本控制、安全防范、合同管理、现场管理等方面的知识和技能。

针对具体项目，在项目启动之初，针对项目部成员，对项目基本情况、主要合同条款、设计施工管理要点、限额设计和成本控制关键点以及合同履约风险等方面进行宣贯，培养项目组成员的履约意识和风险意识。在项目实施过程中，会不定期地针对实施过程中存在的风险和新情况、新问题，进行总结归纳和现场培训。

通过工程实践和教育培训，培养了一大批工程总承包管理能力强、党性修养高的综合型管理人才，工程总承包事业部从最初的 5 人，发展成为现在近 80 人的综合性管理团队。截至 2023 年 6 月，共有各类注册职业资格证者 97 人次，高级及以上职称者 35 人，硕士博士导师 2 人，部门员工获校级先进

2 人次，院级先进 29 人次，优秀共产党员 4 人次，所在党支部被评为校级先进基层党组织。

（四）党建引领的管理保证

在平衡建筑理论的指引和规范下，工程总承包项目集群通过党建引领、制度创新、管理增效和技术加持，在设计主导工程总承包项目业绩方面取得了不俗的成绩，在工程总承包项目管理中积累了丰富的经验。

随着 EPC 总承包建设模式的推广发展和市场竞争的不断加剧，EPC 总承包项目管理面临一系列新情况、新问题，在设计牵头的 EPC 项目集群管理实践过程中，立足设计院企业文化的特点和项目集群管理的要求，加强"以人为本源"的党建文化引领，创建"红石榴"党建品牌，将党建文化融入项目建设和管理过程，促进 EPC 项目集群管理能力提升，从而实现企业高质量发展，为社会创造更高的价值。

1. 创建党建品牌"红石榴"

业务工作是党建工作的出发点和落脚点，党建工作为业务工作提供强大动力，促进业务工作健康发展，因此，党建工作始终要与企业发展、项目实践相结合。党支部充分发挥基层党组织的战斗堡垒作用，带领大家创新思路、构建党建品牌，凝心聚力、共谋发展。2018 年 3 月 5 日，习近平总书记在参加十三届全国人大一次会议内蒙古代表团审议时讲道，各民族要像石榴籽那样紧紧抱在一起，共同团结奋斗，共同繁荣发展。浙大设计院的"红石榴"党建品牌就此酝酿成立，在内部人人都是石榴籽、又红又专，对外团结一致、同心协力，既追求卓越、充分发挥个人最大价值，又勠力同心、创造共同价值。表 30 为党建品牌创建的目标和路径。

党建品牌创建的目标和路径　　　　　　　　　　表 30

支部名称	中共浙江大学建筑设计研究院第十六党支部
业务类型	设计牵头的工程总承包管理
特点	党员工作地点分散、合作对象类型多、安全责任重、廉政风险点多
品牌名称	"红石榴"之家
品牌内涵	以人为本、凝心聚力、共谋发展
创建路径	党建引领攻坚克难 党管安全守牢底线 党建创新提质增效 党管服务回馈社会
创建目标	追求卓越、创造共同价值、高精专强、奉献一流作品

2. 党建引领攻坚克难

加强 EPC 项目集群党建管理，建设项目部党员活动室，"红色引擎"赋能项目建设，充分发挥基层党组织和党员在项目建设中的示范带动作用，想项目之所想，谋项目之所急。党员冲在项目最前沿，紧抓施工关键阶段、关键节点、关键内容，开展全方位、全过程现场质量进度监督，引领工作态度、提升质量意识、带动技术能力，解决建设难题。

大禹陵景区（公祭典礼）提升项目启动区（大禹纪念馆、大禹研究院、植物园、百鸟乐园）EPC 总承包项目，是 2019 年 12 月中标的大型文化类项目，位于绍兴市会稽山麓大禹陵景区内，总建筑面积约 4.1 万平方米，主要包括大禹纪念馆和大禹研究院。项目建设工期紧、任务重，必须保障 2020 年 4 月大禹陵公祭的举行。为集中优势资源打胜仗，党建引领攻坚克难，由优秀党员干部、一线党员和业务骨干组建了一支党员突击队，设技术突击岗、成本保证岗、质量控制岗、进度推进岗和安全保证岗的带头人。"一队五岗"，大力开展"百日攻坚创效"行动，不忘初心、牢记使命，严格按照上级领导指示要求，精心策划、周密部署，主抓落实，实行业主、监理、总承包、施工四级管理制度，分区、分班专人负责，严控质量细节。通过实施 24h 倒班、劳动竞赛与绩效激励机制，提前储备人员、材料和设备等措施，破解突发公共卫生事件与春节的影响，创造了 4 个月完成首期建设并开馆祭典的进度奇迹。项目建设过程中，充分发挥党员突击队的模范带头作用，勇于吃苦、敢于克难，切切实实地为打赢这场与时间赛跑、争创精品的工程硬仗打下了坚实的基础，获得"浙江省钢结构金刚奖""钱江杯优质工程奖""浙江省优秀勘察设计成果奖（工程总承包类）""绍兴市兰花杯优质工程奖"等诸多奖项。图 113 为大禹陵景区（公祭典礼）提升项目启动区（大禹纪念馆、大禹研究院、植物园、百鸟乐园）EPC 总承包项目。

　　阳明故里及纪念馆是绍兴古城的核心建设项目，浙大设计院中标该项目后，经历了考古发掘、遗址保护、地下防渗漏、方案大规模调整等一系列影响项目正常推进的情况，项目有很长一段时间处于停滞状态。为了推动项目顺利进行，设计院党委主要领导出面与参建其他各方加强沟通协调，寻求以党建工作带动业务工作创新思路，项目部党员和入党积极分子知难而行、迎难而上，采取各种措施克服生产困难。在各方合力的推动下，2022 年 1 月 20 日，阳明故里及纪念馆上梁仪式在全体参建人员的见证下隆重举行，标志着阳明故里距离开放又近了一步。浙大设计院党委副书记、纪委书记及相关同志参加了上梁仪式。这不仅是项目建设的里程碑，更是党建引领下对全体参建人员的一次总动员，鼓励党员做好模范带头作用，其他同志们扎实做好本职工作，加快项目推进。现在阳明故里及纪念馆已经竣工开放，成为一个符合时代需求、具有独创性的国家级人文新地标，阳明先生的心学思想在这里熠熠生辉，吸引着世界各地的游客前来参观学习。图 114 为阳明故里整体开发建设项目——阳明故居及纪念馆 EPC 总承包项目。

3. 党管安全守牢底线

　　国家着力推进安全体系和能力建设，企业更要建立和完善安全管理体系。安全是底线，也是红线和高压线。在设计牵头的 EPC 项目集群管理中，浙大

（a）大禹纪念馆施工现场

（b）大禹纪念馆立面石材干挂施工

图 113　大禹陵景区（公祭典礼）提升项目启动区（大禹纪念馆、大禹研究院、植物园、百鸟乐园）
EPC 总承包项目

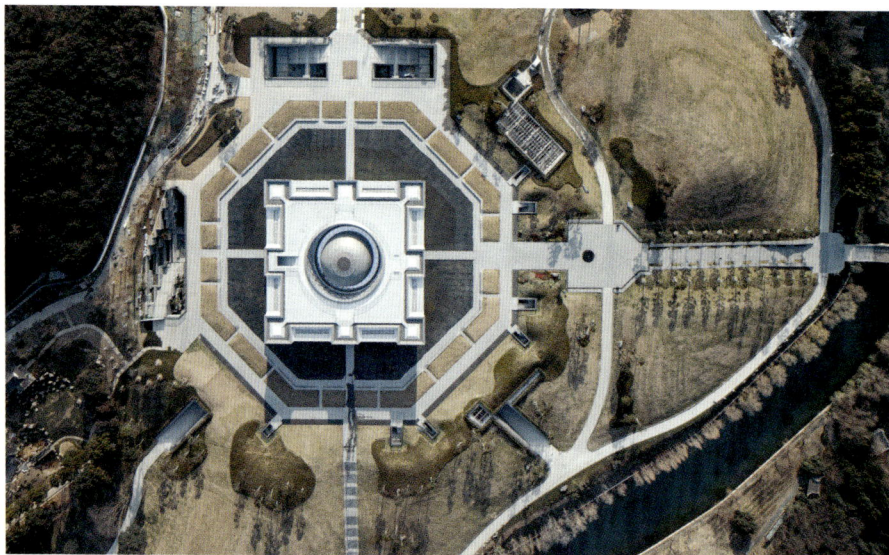

（c）大禹纪念馆鸟瞰实景图

（d）大禹纪念馆正面实景图

图 113 大禹陵景区（公祭典礼）提升项目启动区（大禹纪念馆、大禹研究院、植物园、百鸟乐园）

EPC 总承包项目（续）

（a）阳明故居和纪念馆现场开会　　　　　　（b）阳明故居和纪念馆上梁仪式

（c）阳明故居和纪念馆鸟瞰图

图 114　阳明故里整体开发建设项目——阳明故居及纪念馆 EPC 总承包项目

设计院始终坚持把质量安全管理放在项目管理的首位，时刻绷紧"安全弦"、严把"安全关"，在项目建设中严密管控党风廉政与工程安全双风险，压实各级安全管理责任，始终坚持"安全第一，预防为主、综合治理"的管理方针，不断完善安全生产管理制度和组织体系，狠抓管理制度的检查和落实，图 115

图 115 党建活动室重温入党誓词宣誓活动

为党建活动室重温入党誓词宣誓活动。事业部优秀老党员带头持续强化安全监管力度，从严压实安全生产责任，切实加强隐患排查和措施落实；项目部党员同志带头全面排查高边坡、深基坑、高空作业、施工用电等隐患多发点，坚决筑牢安全生命线。图 116 为年度安全检查。

2021 年 7 月，面对来势汹汹的台风"烟花"，浙东运河文化园（浙东运河博物馆）建设工程——建筑工程 EPC 总承包项目部坚持以党建为引领，凝聚起上下一心、齐心协力，共同筑牢防汛抗台"红色堤坝"，保障了项目的安全。2021 年 12 月，突发公共卫生事件突袭，绍兴饭店改扩建提升工程 EPC 总承包项目部党员以高度的责任感、使命感迅速响应，积极投身突发公共卫生事件防控阻击战，凝聚起战胜突发公共卫生事件的"强大合力"，克服了项目地点繁华、游客众多、风险点位多、重大接待频繁等一系列防控不利因素的冲击，确保项目如期顺利施工。图 117 为夜间防控巡查。

4. 党建创新提质增效

实践没有止境，理论创新也没有止境。在设计牵头的 EPC 项目集群管理过程中，必须坚持守正创新。由于党员分散主场，为了保持党建对业务的引

图 116　年度安全检查

图 117　夜间防控巡查

领作用，提高党内教育的效果，切实做好党史学习教育、主题教育，必须在党建形式和内容上进行创新，开展多种形式的党日活动、党课教学、知识竞赛和联学联建活动。

　　探索各种联学联建活动创新，例如与业务单位如建设单位、项目所在地派出所、施工总包单位等结成党建联盟，共同组织开展党支部联建共建系列教育活动，以联学促进交流，以共建推动实践，充分发挥各自优势，形成强大合力，推动党建与业务深度融合、互促增效，助力项目建设顺利进行。还有通过与城建消防中心第三党支部组成党建联盟，携手在党建、廉政、项目、科研等各方面实现合作共赢，增强大家的消防安全专业知识和技能，以及清廉消防一体化建设的全面推进，为项目的"安全、稳定、和谐"保驾护航。图 118 为与城建消防中心第三党支部的联建共建活动。

　　充分利用党的重要节日、纪念日，开展不同形式的主题教育。如为弘扬爱国、进步的"五四"精神，组织"马克思主义同中国优秀文化传统相结合的思考"和"马克思主义之中国现代化之悟"的党课学习，加深同志们对马克思主义思想的理解、对开局之年中国现代化任务要求的理解，坚定以人民为中心、为人民而设计的理念，提高服务 EPC 项目集群管理的能力和水平。项目竣工营业后，组织大家再赴大禹纪念馆、阳明纪念馆、孑民图书馆，以普通游客的视角参观、学习和传承"和合共生""公而忘私""为政清廉"的文化

图 118　与城建消防中心第三党支部的联建共建活动

信仰和力量；同时，通过回顾复盘项目从概念设计到竣工验收的全过程管理过程，总结设计为主导的 EPC 项目集群管理的经验和教训，党建活动模式创新促进业务精进和服务增效。图 119 为项目参观学习活动。

　　在学习形式和内容创新的同时，要不断加强技术创新，党员同志担任各部门的主要负责人、技术带头人和业务骨干，在行政管理、业务拓展和技术建设等方面发挥了重要的引领作用。同时，不断丰富职工的业余文化生活，内容丰富，形式新颖，吸引了一大批党员群众积极参与，通过一次次的活动拓展，"以人为本、凝心聚力、共谋发展"的"红石榴"精神更加深入人心。在第一届院运动会上，"红石榴"队全体成员积极响应、精心筹备，"像石榴籽那样紧紧抱在一起"，拧成一股绳，敢拼敢抢敢流汗，以绝对优势赢得了体育竞技和精神文明双料冠军，"红石榴"精神展现了极强的凝聚力和号召力（图 120）。

（a）孑民图书馆参观学习　　　　　　（b）大禹纪念馆参观学习

图 119　项目参观学习活动

（a）团结一心的拔河比赛　　　　　　（b）整齐划一的心连心跑步

图 120　"红石榴"活动

通过联学共建、回访参观、主题学习、技术创新、业余活动等各种党建创新活动，将"红石榴"品牌内涵不断丰富，凝聚力和号召力不断增强，进一步转化为 EPC 项目集群管理中的主观能动性和持久战斗力。图 121 为浙大设计院运动会。

心怀全局、让爱心与责任同在，是"红石榴"全体党员的担当，支部党员成立了"红石榴"志愿服务队，长期深入开展"我为群众办实事"实践活动和志愿服务活动。面对突发公共卫生事件，编制了《装配式传染病应急医院建造指南》和《传染病应急医院（呼吸类）建设技术导则》，自发自费捐款捐物，勇担突发公共卫生事件防控重任，积极参加社区服务。为了更多地回

图 121　浙大设计院运动会

馈社会，长期坚持爱心助学活动，2022 年开始，在景东县设立"暖心 UAD，聚爱新景东"助学金，援助利月希望小学、灰窑村完小和龙街乡村南完小各种必要的文体教学设施、设立助学金，资助贫困学子，录制兴趣课，致力于唤醒孩子们的梦想和求知欲。通过反哺社会和服务社会，不断增强了社会责任感和荣誉感，心更能往一块儿想，力更能往一处使，更加积极主动、乐观向上，增强和提高工程总承包项目管理的战斗力、凝聚力和执行力。

八、
未来展望

在平衡建筑理论框架下，工程总承包项目集群管理追求人与自然的和谐，追求建筑形质合一，追求技术与经济的平衡，追求利益相关者的平衡，在以"人"为本源的党建文化引领下，践行工程总承包项目集群管理的守正创新和高精专强，坚定不移地朝"六高强院"方向迈进，笃行致远。

（一）党建业务有机融合，促进高质量发展

定期组织理论学习，坚持把深入学习贯彻习近平新时代中国特色社会主义思想作为首要政治任务和长期战略任务，充分发挥党员先锋岗的模范带头作用。提升思想政治工作质量，强化"两个维护"制度保障，将党的二十大精神和习近平总书记对浙江大学系列重要指示精神转化为做好浙大设计院工作的强大动力，严密党建责任体系，形成党建统领整体智治构架。探索"党建＋业务"新模式，进一步加强与合作单位的党建业务融合，按照"以共建促党建、以共建保平安、以共建促发展"的原则，搭建基层共建平台，推动党建和业务在目标功能、制度机制、组织力量和平台载体上深度融合，实现高质量发展。

（二）打造高素质人才队伍，助力特色发展

争创行业一流，走在前列必须有一支政治过硬、本领高强、担当负责的

人才队伍和上下贯通、执行有力、引领一流的组织体系。浙大设计院多措并举，建立高端领军人才智库，强化业务骨干带头，激励创新型人才储备，倾力打造高层次人才队伍。完善职务职级多通道和专业化发展的接续培养机制，优化高质量发展考核评价体系。通过开展、鼓励员工参加各种类型的培训，持续建立"学习型"团队，鼓励员工在工作中学习，在学习中成长，推动高素质人才质量数量"双提升"。加强企业文化建设，通过组织、开展、参与各类活动，增强团队的协作、创新和责任意识，让人才优势成为浙大设计院的金名片和核心竞争力，共同助力浙大设计院走在行业一流的前列。

（三）产学研创齐头并进，打造创新科技力量

对标"六高强院"的理念，"产、学、研、创"深度融合、促进科技成果转化，是浙大设计院长期的目标。在开展业务的同时，强化科技创新主体地位，全面打造科技创新高地，以科技助推企业高质量长远发展。浙大设计院在现有科技成果的基础上，立足新的行业发展阶段，将一如既往地用"科技创新"这把"金钥匙"，引领行业内学科、技术的发展。加快战略转换和生态涵育，加强优势学科和亟须技术的创新与发展，构建互相支撑、协同发展的产学研创生态，全面提升技术实力和行业影响力。适应国家科技体制改革，推动技术创新和成果转化，积极参与国家重点实验室和重大科技基础设施建设，持续实施创新驱动发展战略。

（四）探索数字化改革，推进信息化建设

紧跟时代与行业的变革，响应国家数字化发展政策，全面推进信息化建设，浙大设计院一直走在行业前列。建设一体化人力资源管理系统；进一步完成业财融合，推进研财融合；推动多平台的数据融合。转型数字化，推动建立

科研管理数字化系统、质量管理数字化系统，全面开展工程技术信息数据库的建设。继续探索数字化赋能生产改革；探索更合理高效的供应商库管理机制，助力项目生产提质增效。开展面向不同工作场景的 IT 技术解决方案研究工作；深化二维协同设计平台的研究与系统开发；尝试面向三维设计的系统功能开发，使三维设计与二维设计平台有机融合。持续推进工程总承包项目的信息化管理和数字化技术应用，不断完善 UAD-EPC 信息管理系统的功能，进一步建设装配式建筑全生命期碳排放计算软件与 EPC 总承包项目成本管理系统。

（五）加强开放合作，深耕 EPC 总承包市场

进一步加强市场拓展工作，积极拓展工程建设合作资源，以优质合作伙伴为基础，探索与各大建设平台、大型企业、大型工程公司建立战略合作，维系与建成项目业主、战略合作伙伴的长期联系，保持与优质单位的长期合作关系，联合开拓市场，共同抵御风险。加强企业宣传，扩大浙大设计院的品牌影响力，展现浙大设计院雄厚的技术实力和先进的管理能力，吸引业主与合作单位的青睐。加强市场资源的整合与管理，深化与项目集群所在地地方政府、企业的合作，谋求市场环境的平衡共生和市场主体的多方共赢。全民经营，多管齐下，大力开拓省内外建设市场，持续在建设项目工程总承包领域深耕不辍，助力浙大设计院再创辉煌。

千秋伟业，百廿恰似风华。走过 70 载的浙江大学建筑设计研究院有限公司，扎根大地、登高望远，在与民族复兴同频共振中日益焕发出蓬勃生机，我们的事业因紧扣时代的发展而青春永驻，因与中华优秀传统文化密切结合而源远流长！面对百年变局的复杂局面，浙大设计院调动内外资源、以服务求发展、用贡献求辉煌，发展质量和规模实现快速提升，助推浙江省和全国建设行业高质量发展。在看到成绩的同时，我们也清醒地认识到工作中还存在一些不足与短板：建设行业一流、走在前列的格局有待进一步加强，培养建

设行业一流人才和团队的力度仍需加大，具有国内外影响力的技术创新和建筑作品还不够，内涵式高质量发展的体制机制需要不断完善。在砥砺奋进的征途中，我们要更加坚定地勇立潮头，更加用心地育人育才，更加笃定地创新技术，更加高效地经营管理，以高远使命升华青春梦想，战胜一切风险挑战，以无悔青春报效家国，与浙大设计院一起走向更加光辉的未来。

参考文献

［1］（美）波特，（美）比格利，（美）斯蒂尔斯.激励与工作行为（第7版）[M].陈学军，等，译.北京：机械工业出版社，2006.

［2］（美）伯利，（美）米恩斯.现代公司与私有财产[M].甘华鸣，罗锐韧，蔡如海，译.北京：商务印书馆，2005.

［3］（美）P roject Management Institute.项目管理知识体系指南（PMBOK 指南）（第六版）[M].北京：电子工业出版社，2018.

［4］（美）Ken Schwaber. Scrum 敏捷项目管理 [M].李国彪，译.北京：清华大学出版社，2007.

［5］（美）亚伯拉罕·马斯洛.动机与人格 [M].北京：中国人民大学出版社，2012.

［6］C P Alderfer. Existence，relatedness and growth[M]. Cambridge：Collier Macmillan，1972.

［7］Clarkson，M. A stakeholder framework for analyzing and evaluating corporate social performance[J]. Academy of Management Review，1995，20（1）：92–117.

［8］D C McCLELLAND. Human Motivation[M]. Cambridge：Cambridge University Press，1988.

［9］Doug Anthony. The newinterntional division of labour in asian electronics：Work organization and human resources in japan and manaysia[J]. Journal of Management Studies，2001，4（5）：675–696.

［10］Eric G .Too，P .Weaver. The management of project management：A conceptual framework for project governance[J]. International Journal of Project Management，2013，7（6）：13–26.

［11］Freeman R E. Strategic management：A stakeholder approach[M]. Cambridge：Cambridge University Press，1951.

［12］Gibson J L，Ivancevich J M，Donnelly J H Jr. Oroanizations：Behavior，structure[M]. ProcessesiM1. Boston：lrwin，1994.

［13］Graham M，Winch. Governing the project process：A conceptual framework[J]. Construction Management and Economics，2001，19（8）. 799–808.

［14］Hood C. A public management for all seasons?[J]. Public Administration，1991，69（1）：3–19.

［15］J.R. Turner. Towards a theory of project management：The nature of the project governance and project management[J]. International Journal of Project Management，2006，24（2）. 93–95.

［16］K. Eliassen，J. Kooiman. Governance and public management[A]. London：Sage，1993.

［17］Keith Lamhert. Project governance[J]. World Project Management Week，2003（2）：93–95.

［18］Ralf Muller. Project governance：Fundamentals of project management[C]. Gower Publishing Company，2009：120–123.

［19］Stuart D，Green，Peter a popper occasional paper No.39：Value engineering，the search for unnecessary cost[M]. London：CIOB，1998.

［20］V H Vroom. Work and motivation[M]. New York：Wiley，1964.

［21］陈国栋，罗省贤 . Scrum 敏捷软件开发方法实践中的改进和应用 [J]. 计算机技术与发展，2011，21（12）：97–99，104.

［22］陈敏，黄维华 . 水利水电工程 EPC 模式造价集成管理研究 [J]. 水利经济，

2021，39（2）：63–67，97.

［23］丁荣贵，高航，张宁 . 项目治理相关概念辨析 [J]. 山东大学学报（哲学社会科学版），2013（2）：132–142.

［24］董丹申，李宁 . 知行合一·平衡建筑的实践 [M]. 北京：中国建筑工业出版社，2021.

［25］董丹申 . 走向平衡 [M]. 杭州：浙江大学出版社，2019.

［26］格里·斯托克，华夏风 . 作为理论的治理：五个论点 [J]. 国际社会科学杂志（中文版），2019，36（3）：23–32.

［27］龚建桥，朱睿 . 科技企业集成管理研究论纲 [J]. 科研管理，1996（3）：54–58.

［28］海峰，李必强，向佐春 . 管理集成论 [J]. 中国软科学，1999（3）：87–88，95.

［29］郝辽钢，刘健西 . 激励理论研究的新趋势 [J]. 北京工商大学学报（社会科学版），2003（5）：12–17.

［30］贾生华，陈宏辉 . 利益相关者的界定方法述评 [J]. 外国经济与管理，2002（5）：13–18.

［31］蒋毅敏 . "BOT+EPC" 模式下高速公路项目设计监理激励机制研究 [D]. 重庆：重庆交通大学，2016.

［32］李宝山，刘志伟 . 集成管理——高科技时代的管理创新 [M]. 北京：中国人民大学出版社，1998.

［33］李淑敏，尹贻林，王翔 . EPC 模式下合理化建议的确定及其奖励机制研究 [J]. 价值工程，2017，36（29）：52–55.

［34］梁红铭 . 现代企业管理中激励理论运用 [J]. 合作经济与科技，2021（6）：138–139.

［35］刘军 . 公共关系学 [M]. 北京：机械工业出版社，2006.

［36］刘俊海，公司的社会责任 [M]. 北京：法律出版社，1999.

［37］刘晓强.集成论初探 [J].中国软科学，1997（10）：103.

［38］陆雄文.管理学大辞典 [M].上海：上海辞书出版社，2013.

［39］牛余琴.EPC 总承包项目风险分担及收益分配研究 [D].南京：南京航空
航天大学，2015.

［40］戚安邦.多要素项目集成管理方法研究 [J].南开管理评论，2002（6）：
70–75.

［41］钱学森，于景元，戴汝为.一个科学新领域——开放的复杂巨系统及其
方法论 [J].自然杂志，1990（1）：3–10，64.

［42］全以恒.总承包商视角的港口 EPC 项目集成管理及其成熟度评价研究 [D].
杭州：浙江大学，2022.

［43］沙凯逊，宋涛，亓霞，等.从不确定性看建设项目的治理逻辑 [J].山东
建筑大学学报，2009，24（4）：283–287.

［44］宋超英，杨小红.激励的"一心二力三层四面"模型 [J].中国人力资源
开发，2002（10）：39–42.

［45］苏明城，张向前.激励理论发展及趋势分析 [J].科技管理研究，2009，
29（5）：343–345，339.

［46］佟瑶.基于项目治理的 EPC 总承包项目绩效评价 [D].郑州：华北水利水
电大学，2019.

［47］王方，吴华.21 世纪美军 [M].北京：时事出版社，2002.

［48］王介石.基于利益相关者理论的工程项目治理机制与项目绩效关系研究
[D].合肥：安徽工程大学，2012.

［49］王梓远.基于 AHP 的价值工程理论在电改新环境下项目评标优化的研究
[D].南昌：南昌大学，2022.

［50］万融，陈红丽，沈丽.商品概论学（第八版）[M].北京：中国人民大学
出版社，2022.

［51］吴秋明，李必强.集成管理学——现代企业管理一门新兴的学科 [J].企

业管理，2004（5）：87.

［52］吴秋明，李必强．集成与系统的辩证关系 [J]. 系统辩证学学报，2003
（3）：24–28.

［53］徐纪良．一个互动式"I–A–R"激励模型 [J]. 上海交通大学学报（社会科
学版），2000（1）：46–53.

［54］薛岩，欧立雄．PRINCE2：成功的项目管理 [M]. 北京：机械工业出版社，
2005.

［55］严玲，尹贻林，范道津．公共项目治理理论概念模型的建立 [J]. 中国软
科学，2004（6）：130–135.

［56］严玲，尹贻林．公共项目治理 [M]. 天津：天津大学出版社，2006.

［57］颜博．基于项目治理的 PMC 模式研究 [D]. 杭州：浙江大学，2012.

［58］于景元，周晓纪．从综合集成思想到综合集成实践——方法、理论、技
术、工程 [J]. 管理学报，2005（1）：4–10.

［59］玉井正寿．价值分析 [M]. 北京：机械工业出版社，1981.

［60］张春梅．基于合作博弈的 EPC 项目利益相关者收益分配研究 [D]. 天津：
天津大学，2014.

［61］张德．组织行为学 [M]. 北京：高等教育出版社，2004.

［62］章凯．激励理论新解 [J]. 科学管理研究，2003（2）：89–92，98.

［63］赵曙明．人力资源管理理论研究现状分析 [J]. 外国经济与管理，2005
（1）：15–20，26.

［64］周璐．基于价值工程的 EPC 项目设计阶段成本管控研究 [D]. 哈尔滨：哈
尔滨工业大学，2022.

［65］周莹．基于精益思想的目标价值设计方法在国内 EPC 项目中的适用性研
究 [D]. 重庆：重庆大学，2022.

［66］庄肃晓．HD 公司海外电力 EPC 项目激励方案优化设计 [D]. 济南：山东
大学，2019.